Papá,

un hombre de valor

Hernandes Dias Lopes

hagnos

© 2008 por Hernandes Dias Lopes, publicado originalmente por la Editora Hagnos Ltda, São Paulo, Brasil con el título *Pai, um homem de valor*.

© 2016 por Hernandes Dias Lopes para español

Revisión
Carla Alzate

Portada
Adaptación Hagnos

Diagramación
Felipe Marques

1ª edición – Septiembre de 2016

Editor
Juan Carlos Martinez

Coordinador de producción
Mauro W. Terrengui

Impresión y acabado
Imprensa da Fé

Todos los derechos reservados para:
Editorial Hagnos Corp.
2227 W Hillsboro Blvd
Suite A
Deerfield, Beach, FL 33442
e-mail: editorial@editorialhagnos.com
www.editorialhagnos.com

Catalogación en la Publicación (CIP)
Angélica Ilacqua CRB-8/7057

Lopes, Hernandes Dias
Papá, un hombre de valor / Hernandes Dias Lopes – São Paulo : Hagnos, 2016.

ISBN 978-85-7742-189-3
Título original: Pai, um homem de valor

1. Padres – la vida religiosa 2. Padres e hijos – la vida religiosa 3. Cristianismo I. Título

16-0244   CDD 248.845

Las puntuaciones de catálogo sistemático:
1. Padres e hijos – la vida religiosa

Dedicatoria

Dedico este libro al presbítero Dário Neves de Moura y a su amada esposa Nilza, una pareja preciosa, hospitalaria, consejera, amiga, fieles a Dios, que han sido un bálsamo del cielo para mi vida, familia y ministerio.

Contenido

Prefacio 7
Introducción 9
Capítulo uno – Padres e hijos, una relación vital para la familia 13
Capítulo dos – Un gran hombre que fracasó como papá 25
Capítulo tres – Un papá que oraba por sus hijos 43
Capítulo cuatro – Un papá que luchó por sus hijos y después los perdió 55
Capítulo cinco – Papás e hijos vueltos los unos a los otros 77
Capítulo seis – Papás que invierten en la vida de sus hijos 87
Capítulo siete – Un ejemplo de papá 99

Prefacio

Los hombres más felices del mundo están lejos de los *flashes*, no acumularon riquezas ni van a los círculos sociales de la alta sociedad, no llegaron a la cúspide de la notoriedad ni bebieron todas las copas del placer. Los hombres que llenaron el alma con los más finos manjares espirituales y alcanzaron la más encantadora de todas las realizaciones son héroes anónimos. Son hombres que no fueron aplaudidos por el mundo, sino que fueron aprobados en el seno de la familia. Su mayor realización no es ser grande a los ojos del mundo, sino tener honra dentro de su hogar; no es tener muchos admiradores, sino criar a los hijos en la disciplina y en la amonestación del Señor.

Mi papá fue un ejemplo para mí. Enérgico, pero dulce al mismo tiempo. Me rodeaba de privilegios, pero de igual manera, me vestía de responsabilidades.

Me rodeaba de cariño, pero me cubría de exigencias. No economizaba críticas pero era prodigioso en los elogios. Era firme en la confrontación, pero convincente en las lágrimas. Mi papá fue mi consejero y mi motivador. Algunas veces, le obedecí con lágrimas en los ojos, deseando hacer lo opuesto a su orientación. Pero, al obedecerlo y honrarlo, descubrí que Dios me preparaba para victorias que me consagrarían.

Mi papá no era un hombre culto, pero tenía experiencia; no subió los escalones de una universidad pero obtuvo el diploma en la escuela de la vida; no tenía familiaridad con los libros, pero tenía intimidad con Dios. Sus palabras para mí son, aun hoy, rayos de luz que aclaran mi camino. Mi papá no fue un hombre perfecto, pero fue un hombre serio, íntegro, y de valor, que me ayudó a conocer a Dios, me cogió de la mano y me enseñó el camino de la verdad.

Hernandes Dias Lopes

Introducción

Ser papá es un privilegio sublime y también una gran responsabilidad. No es suficiente tener hijos, es necesario educarlos y prepararlos para la vida. Muchos hombres se vuelven famosos y alcanzan el auge del éxito en la carrera profesional, pero pocos tienen éxito en el seno del hogar. Aun hoy, la paternidad responsable es una de las misiones más nobles, arduas y desafiantes. El papá de verdad es un hombre que hace diferencia en la vida de los hijos, es un ejemplo para ellos; y antes de enseñarles algo, vive lo que enseña; antes de inculcarles la verdad, tiene la verdad en su corazón; él enseña el camino a los hijos y les enseña en el camino. El ejemplo no es solamente una manera de enseñar es la única manera eficaz de hacerlo. Necesitamos papás que sean modelos de honestidad para los hijos.

Hoy vivimos la gran tensión entre lo urgente y lo importante. Cosas urgentes golpean a nuestra puerta en todo instante. A pesar de que todo a nuestro alrededor grite en nuestros oídos apelando a lo urgente, no siempre esa urgencia es de hecho importante. Un papá jamás puede sacrificar en el altar de las cosas urgentes lo que es verdaderamente importante. El papá que hace diferencia encuentra tiempo para los hijos. Quien ama valora. Quien ama prioriza. Quien ama encuentra tiempo para la persona amada. Los hijos son importantes. Ellos merecen lo mejor de nuestro tiempo, de nuestra agenda, de nuestra atención. Si el papá está tan ocupado al punto de no tener tiempo para sus hijos, es porque está muy sobrecargado. La verdad, ningún éxito compensa el fracaso de la relación con los hijos. La herencia de Dios en la vida de los papás no es el dinero, sino los hijos, que a su vez, necesitan más de los papás que de las cosas. Los regalos nunca remplazan la presencia del papá.

Quien ama disciplina. Amor sin disciplina es irresponsabilidad. Un papá, que quiera hacer diferencia, debe equilibrar corrección y estimulo. Dejar de corregir a los hijos es un gran peligro. Sin embargo, la corrección tiene que ser dosificada con el estímulo. El rey David pecó contra sus hijos por no contrariarlos. El sacerdote Elí fue acusado de amar más a los hijos que a Dios, siendo alcahueta con sus errores y sin ser firme para corregirlos. Los hijos necesitan el estimulo de los papás. El elogio sincero y la apreciación adecuada son herramientas importantes para la formación emocional. Los hijos tienen que sentirse amados, protegidos y orientados. Corrección sin estimulo es castigo; estimulo sin corrección adulación. Ambos son nocivos para la formación del carácter.

Para hacer diferencia, un papá debe cuidar la vida espiritual de sus hijos. No basta cuidar física, intelectual y emocional, también es necesario cuidar la vida espiritual. Un papá que hace la diferencia actúa como el patriarca Job, que intercedía todas las madrugadas por sus hijos y los llamaba para santificarlos. No basta tener hijos brillantes, exitosos profesionalmente, necesitamos tener hijos salvos, consagrados a Dios. Nuestros hijos deber ser más hijos de Dios que nuestros. Deben ser criados para realizar los sueños de Dios, deben vivir para la gloria de Dios.

Capítulo uno

Padres e hijos, una relación vital para la familia

Cuando Pablo escribió la carta a los Efesios, durante el imperio Romano, estaba en vigencia el régimen *pater potestas*. En ese régimen, el papá tenía el derecho absoluto sobre los hijos.

En la década de 1960, con los *hippies* irrumpió una revolución con los hippies que dio como resultado la rebeldía contra toda autoridad establecida. La autoridad de los padres también fue afectada. La familia quedó acéfala. La confusión se estableció y muchas familias perdieron la referencia de autoridad y obediencia. En aquel momento, los jóvenes rompieron con la cultura prevaleciente. Salieron de casa. Vivieron en grupos nómadas, abandonaron los estudios y despreciaron el trabajo y la religión. Muchos de esos jóvenes se perdieron en los laberintos de las drogas. Dirigida por la locomotora de esa crisis, vino la liberación sexual, movida por la flexibilidad de la ética y el uso del anticonceptivo. La juventud perdió su ideal y abandonó sus trincheras. Empujada por el rock, fue sumergida de cabeza en las drogas, en el sexo libre y en el misticismo. Al mismo tiempo que "disfrutaba" los bienes de consumo, también se perdía, confusa sin parámetros.

Esa crisis aún es inmensa, con padres corriendo atrás de cosas y sacrificando relaciones. Ellos ofrecen comodidades, educación y libertad incondicional a sus hijos, pero no tienen tiempo para ellos. Sacrifican en el altar de lo urgente lo que es de verdad importante, remplazan presencia por regalos, dan cosas para a sus hijos, pero no se dan a sí mismos.

Si queremos restaurar la familia, tenemos que volver a los principios de Dios. Él instituyó la familia y estableció leyes y principios que deben regirla. La relación entre papás e hijos es ampliamente enseñada y ejemplificada en las Escrituras. Consideremos esa relación a la luz de la enseñanza del apóstol Pablo.

El deber de los hijos con los padres

> Hijos, obedeced en el Señor a vuestros padres, porque esto es justo. Honra a tu padre y a tu madre, que es el primer mandamiento con promesa; para que te vaya bien, y seas de larga vida sobre la tierra (Ef 6:1-3).

Martyn Lloyd-Jones, comentando el texto anterior, menciona tres motivos que deben llevar a un hijo a ser obediente con sus papás.

La *naturaleza*. El apóstol Pablo ordena: *Hijos, obedeced en el Señor a vuestros padres, porque esto es justo.* (Ef 6:1). La obediencia de los hijos a los padres es una ley de la propia naturaleza y el comportamiento patrón de toda la sociedad. Los moralistas paganos, los filósofos estoicos, la cultura oriental (china, japonesa, coreana), las grandes religiones como el confucionismo, budismo e islamismo defienden la obediencia a los padres. La desobediencia es una señal del fin de los tiempos (Ro 1:28-30; 2 Tim 3:1-3).

La *ley* (Ef 6:2,3; Éx 20:12; Dt 5:16). Honrar es más que obedecer. Los hijos deben rendir no solamente obediencia, sino también demostrar amor, respeto y cuidado por los padres. Es posible obedecer sin honrar. El hermano mayor del hijo prodigo obedecía a su padre, pero no lo honraba. Él tenía una relación de obediencia sin amor y sin comunión, no se deleitaba en el papá ni aprovechaba sus bienes. Vivía como un esclavo en la casa paterna. Hay hijos que deshonran a los padres dejando de cuidarlos en la vejez, otros solamente los honran después que mueren, mandando flores para el funeral, pero durante la vida jamás les demostraron respeto y amor.

Honrar a papá y mamá es honrar a Dios (Lv 19:1-3). La deshonra a los padres era un pecado tan grave entre el pueblo hebreo que la ley ordenaba castigar al infractor con pena de muerte (Lv 20:9; Dt 21:18-21). Resistir a la autoridad de los papás es rebelarse contra la autoridad del propio Dios, pues toda autoridad constituida procede de Dios (Ro 13:1). La Biblia habla que José, hijo de Jacob, obedeció a su papá aun sabiendo que esa obediencia le podría traer graves problemas. Sus hermanos lo odiaban, pero, aun así, José fue a su encuentro por orden de su papá (Gn 37:13). Y, porque José honró a su papá, Dios lo honró.

Honrar a papá y mamá trae beneficios (Ef 6:2,3). Pablo enumera dos beneficios: prosperidad y longevidad. En el Antiguo Testamento, las bendiciones eran terrenales y temporales, como la posesión de la tierra. En el Nuevo Testamento, nosotros somos bendecidos *con toda bendición espiritual en Cristo* (Ef 1:3). Un hijo obediente se libra de grandes disgustos.

Cuántos desastres podrían ser evitados, cuántos matrimonios apresurados dejarían de suceder, cuántas lágrimas dejarían de caer, cuántas muertes precoces dejarían de existir si los hijos dieran oídos a los consejos paternos.

La Biblia nos muestra la vida de Sansón, un joven cuyos padres se preocuparon con su crianza aún antes de que naciera. El nacimiento de Sansón fue un milagro, su vida un prodigio, pero su muerte fue una tragedia. Ese joven era un gigante en fuerza física, pero un enano en el área de la pureza moral. Por dejar de oír el consejo de los padres y no honrar los compromisos asumidos con Dios, murió ciego, humillado y escarnecido por el enemigo.

Cuántos desastres serían evitados si los hijos fueran cautelosos sobre la seducción de las drogas, del sexo ilícito, del noviazgo indecoroso, de los amigos de programas dudosos (Pr 1:10). La obediencia a los padres es un muro protector. Aquellos que salen de esa protección se exponen a los ataques mortales del enemigo.

Pablo ordena *Hijos, obedeced en el Señor a vuestros padres [...]* (Ef 6:1). En Colosenses 3:20, el apóstol escribe que los hijos deben obedecer a los papás en *todo*. Pero, en Efesios 6:1, Pablo delimita la cuestión diciendo que los hijos deben obedecer a sus padres, En Cristo, la familia es llevada a la plenitud de su propósito original. Nuestras relaciones familiares son restauradas, son purificadas del egocentrismo nocivo, porque estamos en el Señor. Los hijos aprenden a obedecer a los padres porque eso es agradable al Señor (Col 3:20).

El deber de los padres con los hijos

> *Y vosotros, padres, no provoquéis a ira a vuestros hijos, sino criadlos en disciplina y amonestación del Señor* (Ef 6:4).

Mediante el *pater potestas*, el padre poseía poder absoluto e ilimitado. En ese régimen, el padre podía no solamente castigar a los hijos, sino también venderlos, esclavizarlos, abandonarlos y hasta matarlos. Sobre todo los débiles, enfermos y minusválidos tenían pocas chances de sobrevivir.

Sin embargo, Pablo enseña, que el padre cristiano debe imitar otro modelo. Él exhorta a los padres a no ejercer la autoridad, sino a contenerla. La paternidad es derivada de Dios (Ef 3:14,15; 4:6). Los papás humanos deben cuidar de los hijos como Dios Padre cuida de su familia. El apóstol Pablo hace una doble exhortación a los papás. Veamos.

Las exhortaciones negativas

En las exhortaciones negativas, el apóstol ordena: *Y vosotros, padres, no provoquéis a ira vuestros hijos* [...] (Ef 6:4). La personalidad del niño es delicada y los papás pueden abusar de su autoridad, usando ironía y ridiculización. El papá no puede abusar de los hijos, ni ser complaciente haciendo la voluntad de sus hijos. El exceso y la ausencia de autoridad provocan ira en los hijos y les causa *desaliento* (Col 3:21). Cada hijo es una persona peculiar que debe ser ó necesita ser respetada en su individualidad. Vea los casos en los que los padres con seguridad provocan los hijos a ira:

Exceso de protección. Los que intentan mantener sus hijos siempre bajo sus alas, protegiéndolos excesivamente, impiden que sean preparados adecuadamente para las adversidades de la vida. Los hijos son como *saetas cargadas en las manos del valiente,...* (Sal 127:4). Los padres también cargan a los hijos, en la mente, en el vientre, en los brazos, en los bolsillos. El valiente no carga las saetas todo el tiempo. Las saetas, muchas veces, existen para ser lanzadas para lejos. No los criamos para nosotros, los criamos para la vida. El valiente no desperdicia saetas. Él las lanza en un objetivo específico. Los papás deben preparar los hijos para vivir para la gloria de Dios, no para satisfacer caprichos o su vanidad.

Los papás deben actuar como el águila. Ella protege sus hijos de los animales salvajes, haciendo el nido en lo alto de las montañas. Pero, cuando llega el momento de salir del nido, el águila sobrevuela, mostrándoles su ejemplo. Si no atienden a ese llamado, ella quita las plumas del nido y deja las espinas a la vista. Si los polluelos rechazan hasta esa disciplina, el águila los arranca del nido lanzándolos con sus propias garras hasta ó hacia el piso. Antes que el polluelo se reviente en el piso, el águila lo toma y lo lleva de nuevo para las alturas. Ella hace eso hasta que el hijo aprenda a volar solo. Los papás que intentan blindar sus hijos y colocarlos en una protección existencial lo que consiguen es provocarlos a ira.

Actuar con favoritismo. Nada puede ser más perjudicial para los hijos cómo los padres que prefieren a un hijo más que a otro. Isaac y Rebeca cometieron ese grave error y acabaron por colocar a un hermano en contra del otro. Esaú y Jacob fueron concebidos al mismo tiempo, en el mismo vientre. A pesar de ser gemelos, ellos crecieron como enemigos y el odio que fue inoculado en sus corazones, por la falta de habilidad de los papás, duró por más de dos mil años entre sus descendientes. A pesar que los hijos sean diferentes y el abordaje para cada uno tenga características diferente; el amor, el cuidado y la disciplina deben ser ministrados siempre con la misma medida.

Papás sin equilibrio. Los papás provocan a ira a los hijos cuando mezclan la disciplina con estimulo. Las dos cosas son necesarias. Disciplina sin estimulo produce hijos rebeldes; estimulo sin disciplina produce hijos mimados. Hay papás que exigen tanto de los hijos que estos se desaniman y se irritan ó que los irritan y desaniman. Es común la siguiente escena: el niño, al volver del colegio, exulto es redundante, podría ser rebosando de alegría por el éxito en una prueba, le dice al papá: "¡papá, saqué 9,0 en la prueba de matemática!" Y el papá, sin cualquier sensibilidad, le responde: "¿Y cuándo va a sacar 10?" Una actitud así puede llevar el niño a pensar que nunca podrá agradar a los papás. Debemos amar a nuestros hijos no solo por su desempeño, sino por lo que son. El papá del hijo pródigo corrió a su encuentro, lo abrazó y besó, le restauró la posición honrosa de hijo y mandó celebrar una fiesta aún después que este había gastado sus bienes y había regresado. El amor de los padres debe ser incondicional. Nuestros hijos necesitan disciplina, pero también cariño. Necesitan palabras firmes, pero también estímulo.

No reconocer la diferencia entre los hijos. Hay papás que exigen el mismo desempeño escolar entre hermanos, algo casi imposible. Pueden exigir el mismo esfuerzo, pero no el mismo desempeño. Cada niño es un universo único y singular, con capacidades diferentes y diferentes reacciones ante las circunstancias. Cuando comparamos un hijo con otro exigimos que piensen, hablen, sientan y hagan todo de la misma manera, eso los provoca a ira que es una violación de su individualidad.

Dejar de dialogar. El divorcio no es apenas una realidad entre marido y mujer, sino también entre padres e hijos. El dialogo ya se volvió un cadáver en muchas familias. Hay muchos hogares en los que los hijos no tienen más acceso a los papás, no son amigos ni confidentes de los papás. Hay muchas familias en las que las personas se comunican dentro de casa apenas por el teléfono celular, Facebook o WhatsApp. Hay papás que son verdaderos sarcófagos existenciales; totalmente cerrados e incomunicados. Hay muchos papás semejantes a David, lloran demasiado tarde. Lloran porque dejaron de conversar, de perdonar, de restaurar las relaciones rotas.

Papás ásperos en las palabras y rudos en las actitudes. La violencia, verbal y física, hoy es una de las realidades más chocantes en la familia. Abundan los casos de papás matando hijos e hijos matando papás. Son demasiados los casos de abuso sexual y de abuso psicológico. Hay aquellos que no tienen límites en la disciplina y confunden la disciplina con tortura física, otros acaban la autoestima de los hijos, lanzando sobre ellos amenazas y maldiciones. Esas actitudes mezquinas y crueles abren heridas en el alma, destruyen la vida emocional y provocan ira.

Papás inocentes. Hay papás que provocan los hijos a ira siendo exigentes con ellos y complacientes consigo mismos. Imponen patrones rígidos de comportamiento, pero viven de manera desorganizada. Los papás enseñan con ejemplos no solamente con palabras. El ejemplo no es apenas una manera de enseñar, sino la única manera eficaz de hacerlo.

Las exhortaciones positivas

El apóstol Pablo también hace exhortaciones positivas (Ef 6:4). De esta manera los papás deben tener cuatro cuidados especiales con los hijos:

Cuidar de la vida física y emocional de los hijos. La palabra griega *ektrepho*, "criar", significa nutrir, alimentar. Es la misma palabra que aparece en la carta a los Efesios (Ef 5:29). Juan Calvino tradujo esa expresión de la siguiente manera: "sean animados con afecto" y William Hendriksen "tratadlos con blandura". Los niños necesitan seguridad, limites, amor y estimulo. Los hijos no solo necesitan de ropa, remedios, techo y educación, sino que también necesitan afecto, amor e incentivos.

Entrenar a los hijos por medio de la disciplina. La palabra griega *paidéia*, "disciplina", significa entrenamiento por disciplina. Disciplina por medio de reglas y normas, recompensas y, si es necesario, castigo (Pr 13:24; 22:15; 23:13-14: 29:15). Solamente puede disciplinar (hacer discípulo) quien tiene dominio propio. ¿Qué derecho tiene un papá de disciplinar el hijo sí él mismo está necesitando ser disciplinado?

Estimular los hijos por medio de la comunicación verbal. La palabra griega *nouthesia*, traducida como "amonestación" significa educación verbal. Educar por medio de la palabra hablada es advertir y estimular.

Ser responsables por la educación espiritual de los hijos. La expresión "en el Señor" revela que los responsables por la educación cristiana de los hijos no son el colegio, ni aun la Iglesia, sino los propios papás. Por detrás está el Señor. Él es el maestro y el administrador de la disciplina. La preocupación básica de los papás no debe ser solamente que sus hijos se sujeten, sino que conozcan al Señor (Dt 6:4-8).

Los principios que acabamos de examinar fueron escritos hace casi dos mil años. Ellos no son reglas arcaicas que cayeron en desuso con el pasar del tiempo. Son principios inmutables de Dios que deben aún hoy regir las familias. La Palabra de Dios jamás será obsoleta. Jamás perderá su actualidad y pertinencia.

Nuestra sociedad está viendo, estupefacta, el colapso de la familia porque sacudió de si el yugo de Dios. La familia está en crisis porque arrancó los marcos dados por Dios y los remplazó por una ética débil y circunstancial. Dios no creó solamente la familia, sino que también estipuló principios que deben regirla. Si observamos esos parámetros divinos, disfrutaremos de una vida familiar abundante, magnifica y grandiosa.

Capítulo dos

UN GRAN HOMBRE QUE FRACASÓ COMO PAPÁ

EL MUNDO ESTÁ EN CRISIS. Hay crisis de abastecimiento, del petróleo, de los recursos hídricos, del efecto invernadero. Estamos viendo la crisis en las relaciones internacionales, la crisis institucional y la crisis moral. Crecen todos los dias la inseguridad pública, la violencia, el narcotráfico, la inmoralidad, la pérdida de valores morales. Vemos con tristeza y vergüenza la crisis en los parlamentos, en la justicia y también en el poder ejecutivo. Nuestras instituciones están infladas por la levadura de la corrupción. La crisis invadió con sus tentáculos incluso la iglesia. Sin embargo, la crisis más grande de todas es la crisis familiar. Hay señales de desintegración de la familia por todos lados: El indicie de divorcio llega a 50% en algunos países. Una investigación realizada recientemente con niños concluyo que

14% son hijos de padres solteros y 40% vivirán en un hogar con padres separados antes de alcanzar los 18 años de edad. En los últimos 30 años, el número de padres solteros creció 450%. La pornografía esclaviza hoy más de 30% de la población. El homosexualismo está siendo promovido como virtud. Los papás cada vez más ocupados y los hijos cada vez más distantes de una relación estable con la familia. Estamos viendo la muerte del dialogo en la familia.

Un hombre que tenía todo para ser un gran papá

La familia del sacerdote Elí es un ejemplo de una familia que tenía todo para ser una familia ejemplar, pero se desintegró. A pesar de haber sido un gran hombre, él fracaso como papá; era famoso de puertas para fuera, pero un perdedor dentro de la casa; cuidaba de los demás, pero se olvidó de la propia casa. Veamos algunos puntos importantes sobre Elí para nuestra reflexión:

Elí tenía una posición muy respetada (1 S 4:18). Elí ocupaba dos funciones que exigían mucho de su tiempo: era sacerdote y también juez de Israel. Era un líder nacional, un hombre muy ocupado con los negocios del pueblo y con las cosas de Dios y mantuvo una posición respetable durante los 40 años en los que estuvo en Siló como sacerdote y juez. Sin embargo, el éxito profesional no es garantía del éxito familiar. Muchos

Un gran hombre que fracasó como papá

de aquellos que cosechan los elogios más grandes fuera de casa, al mismo tiempo, cosechan los fracasos más grandes dentro de casa.

Elí era un hombre creyente (1 S 2:11). Como sacerdote, representaba al pueblo ante Dios. Instruía el pueblo en la Palabra e intercedía por él. Su nombre significa "Jehová es mi Dios". Él era un hombre de fe, la boca de Dios. Un día le dijo a Ana: *Ve en paz, y el Dios de Israel te otorgue la petición que le has hecho* (1 S 1:17) y Ana concibió y dio a luz a Samuel. Como podemos ver, Elí tenía poder y autoridad espiritual. Hay hombres que desarrollan una relación vertical, pero son negligentes con sus relaciones horizontales, cultivan la relación con Dios y rompen los lazos familiares. Hay hombres y mujeres de oración que saben hablar en secreto con Dios pero no saben hablar con los hijos en público; tienen el cielo, pero perdieron el contacto en la tierra.

Elí era un hombre espiritualmente sensible (1 S 3:8,9). Cuando Dios llamó al joven Samuel, Elí sintió que la orden sí venia de Dios y le dijo a Samuel que debía hacer. Él discernió la presencia de Dios en aquella noche, sabía lo que significaba comunicarse con Dios. Era un hombre capaz de discernir la voz de Dios, sensible a las cosas espirituales. Él conocía al Señor y discernía su voz cuando se trataba de otros, pero no cuando se trataba de sus hijos. Algunas veces Dios le exhortó sobre el pecado de sus hijos. Elí no tuvo pulso para corregirlos. Había una demencia profunda en la espiritualidad de este sacerdote. Al mismo tiempo que mantenía su intimidad con Dios, se distanciaba de sus preceptos con respecto al cuidado espiritual de sus hijos. A pesar de haber sido cuidadoso con los hijos de los demás no fue tan cuidadoso con los propios hijos. Ganó a los hijos de los demás pero perdió a los propios.

Era un líder estable en su trabajo (1 S 4:18). Elí no fue un hombre inconstante, él ministró en Siló por cuarenta años como sacerdote y juzgó a Israel todo ese tiempo. Era un hombre estable en su trabajo, un líder entre su pueblo. Sin embargo, todos esos atributos, no lo transformaron en un papá ejemplar. Al alcanzar la notoriedad fuera de los portones, cosechó derrotas amargas dentro de la familia. Fue bendición para millares de personas, pero un fracaso dentro del hogar. Demostró autoridad en la vida de otras personas, pero perdió la autoridad con sus propios hijos.

Hijos que tenían todo para ser una bendición

Ofni y Finees, hijos de Elí, tenían todo para ser hombres de Dios, vasos de honra, siervos bendecidores. Veamos aquí por lo menos tres motivos para que hubieran sido hombres de Dios.

Ellos tenían un papá creyente. Durante cuarenta años, Elí con seguridad fue la referencia espiritual más grande de la nación. Pocos jóvenes tienen el privilegio que

Ofní y Finees tuvieron, o sea, la bendición de tener un papá creyente, y piadoso y conocedor de la Palabra de Dios. Hay hijos que enfrentan oposición y hostilidad de los papás para servir a Dios y, aun así, permanecen resueltos para andar con Dios. Sadu Sudar Sing fue perseguido por la familia y desheredado por el papá al volverse cristiano. Aun sufriendo todo tipo de oposición, permaneció firme y triunfó. Ofní y Finees se acostumbraron con las cosas sagradas. Las cosas de Dios ya no eran novedad para ellos. Perdieron la reverencia, el temor y el sentimiento de respeto al culto. Criar hijos en la iglesia no es garantía de éxito en la formación moral y espiritual de ellos. Existen muchos jóvenes perdidos dentro de las iglesias. No están en el mundo, sino que el mundo está en ellos.

Ellos crecieron dentro de la Casa de Dios. Estaban acostumbrados con el culto divino. Lidiaban con lo sagrado. Oyeron más de la Palabra de Dios que cualquier persona en Israel. Estaban absolutamente actualizados con el conocimiento de la verdad. Crecieron en un ambiente saludable. No se envolvieron con personas malas ni se desviaron por caminos íngrimos. Ellos nacieron y crecieron dentro de la Casa de Dios. A pesar de eso, se entregaron a la perversión. La verdad, no es el medio o el poder que corrompen, ellos solo revelaron la corrupción del corazón. El mal no viene de fuera, sino de dentro. Los hijos de Elí refutan la tesis de John Locke que el hombre es una tabla rasa, una hoja en blanco, un producto del medio ambiente. El fracaso moral de Ofní y Finees deja de lado a Jacques Rousseau, cuando afirmó que el hombre en esencia es bueno. Esos jóvenes tenían papá creyente y fueron criados en un ambiente sagrado, pero se manifestaron profundamente corrompidos. La maldad no estaba en la estructura alrededor de ellos, sino dentro de su propio corazón.

Ellos eran sacerdotes del Señor. Ofní y Finees estaban involucrados con las cosas de Dios. Enseñaban al pueblo la Palabra de Dios, oraban por el pueblo, ofrecían sacrificios al Señor, representaban espiritualmente la nación israelita. Pero, independiente de estas inmensas atribuciones, se desviaron del Señor y se transformaron en hijos de Belial, en adúlteros rebeldes. Vivieron una vida doble. Intentaron amar a Dios y al mundo, servir a Dios y a la carne, ser siervos de Dios e hijos de Belial al mismo tiempo. Ellos ocupaban la posición más alta, pero vivían de manera escandalosa; tenían ministerio, pero no vida; eran líderes, pero no ejemplo; eran sacerdotes, pero hijos del maligno.

Señales de la destrucción espiritual de esos jóvenes

Ellos eran sacerdotes, pero absolutamente profanos (1 S 2:12). Ofní y Finees eran incrédulos, rebeldes, blasfemos e hijos de Belial. Eran sacerdotes profesionales, pero no les importaba Dios; convivían con lo sagrado, pero no tenían respeto por Dios, por su ley y por el pueblo. Crecieron en la iglesia, pero no temían al Señor. Entre más cerca estaban de la iglesia, más lejos vivían del Señor. Lideraban y enseñaban el pueblo, pero eran impíos. Tal vez hayan llevado algunos por el camino de la salvación, pero ellos mismos estaban perdidos. Es muy triste cuando separamos el ministerio de la vida, la teología de la ética, cuando apuntamos el camino de la vida para los demás mientras nosotros mismos tomamos atajos retorcidos que llevan a la muerte.

Ellos eran sacerdotes, pero despreciaban el culto divino (1 S 2:17). No respetaban la orientación de la Palabra de Dios, sobre las ofrendas traídas a la casa de Dios (Lv 7:30-34; 3:16; 7:23-25). Ejercían el sacerdocio apenas para satisfacer sus apetitos, no dando honra al nombre del Señor. Para ellos, el ritual apenas era una tarea publica que les llevaba comida al estómago. Estaban en la iglesia, trabajaban en la iglesia, pero no conocían a Dios en la intimidad. El conocimiento de Dios que ostentaban era apenas teórico. Profesaban conocerlo, pero lo negaban por sus obras. Faltar al respeto a las cosas de Dios es una costumbre (2:13). Muchos aún hoy hacen de la iglesia apenas un lugar donde sacian su vanidad, donde se completan y se enriquecen en el nombre de la fe. No faltan aquellos que, sin vergüenza, osan cambiar la Palabra de Dios, volviéndola un libro mágico y místico, creando mecanismos extraordinarios con la finalidad de asaltar el bolsillo de las personas en nombre de Dios.

Eran sacerdotes, pero vivan escandalosamente en la inmoralidad (1 S 2:22). Ambos adquirieron mala fama y no se preocuparon en ocultar sus inmoralidades. Pecaban contra las personas a quienes debían cuidar y pastorear. Ellos pecaron dentro de la propia casa de Dios. Eran hombres casados, pero adúlteros. No respetaban a Dios, ni a sus cónyuges, ni la Palabra del Señor, ni el sacerdocio ó al pueblo. La vida moral decadente de estos sacerdotes estaba fuera de ritmo por la alta posición espiritual que ocupaban. Los hijos de Elí no hacían del liderazgo una oportunidad para santificarse y servir a Dios y al pueblo, sino para hundirse más en la práctica de aberraciones morales. No solamente adulteraban sexualmente, sino que adulteraban en el altar. El pecado que cometían era peor que el de las demás personas, pues pecaban contra un conocimiento más grande. Eran más hipócritas porque denunciaban el pecado del público y ellos lo practicaban dentro de la casa de Dios. Era más desastroso porque, al ellos caer, más personas caían con ellos.

Eran sacerdotes, pero hacían que el pueblo tropezase (1 S 2:24). Como acabamos de decir, los pecados de los hijos de Elí eran más graves, más hipócritas y más desastrosos que los pecados de las demás personas. Los hijos de Elí eran piedra de tropiezo para el pueblo. Charles Spurgeon dice que no hay instrumento más grande del diablo dentro de la iglesia que un ministro impío e impuro. Si la vida del líder es la vida de su liderazgo, los pecados del líder son los maestros del pecado. Un líder nunca es una persona neutra. Liderazgo es influencia. Un líder bueno influencia para bien, pero un mal líder influencia para mal. Los hijos de Elí no ayudaban al pueblo a aproximarse de Dios, pero eran la causa de su tropiezo.

Eran sacerdotes, pero no oían consejos ni advertencias (1 S 2:23-25). Ofní y Finees no honraban a Elí ni a Dios. Quien desobedece a los padres desobedece a Dios. El pecado de la rebeldía es como el pecado de la hechicería. Los hijos de Elí eran rebeldes y, por eso, trajeron vergüenza y oprobio para su papá, su familia, así como sobre toda la congregación de Israel. Quien no sabe oír no tiene capacidad para enseñar. Quien no sabe recibir represión no tiene capacidad para reprender. Quien no se humilla bajo la Palabra de Dios no puede ser portador de esa Palabra. Porque los hijos de Elí despreciaron a Dios, Dios los despreció. Porque rechazaron la corrección divina, fueron quebrados repentinamente sin posibilidad de cura.

Un hombre que fracasó como papá

Hay algunos hechos muy dolorosos sobre Elí como papá.

Él fue un papá ausente (1 S 4:18). Por tener un trabajo itinerante casi nunca estaba en la casa, siempre estuvo muy ocupado cuidando los hijos de los demás, oyendo, aconsejando familias, ayudando a resolver los problemas ajenos y se olvidó de sus hijos. Los papás de las demás familias siempre podían contar a sus hijos las historias de Abraham, Isaac y Jacob, pero Elí estaba enorgullecido por tantas otras cosas que no tenía tiempo para los suyos. Ofní y Finees no tuvieron un papá disponible. Vivian dentro de la iglesia, pero no tenían un papá presente. Cuando se es niño, todos quieren jugar con los papás y quedarse con ellos. Pero cuando ya son adultos, y los papás desean ese momento de cercanía, son los hijos quienes ya no lo quieren más.

Muchos papás hoy inventan ocupaciones sin necesidad, siempre están diciendo: "un día tendremos más tiempo". Pero ese día, nunca llega. El diálogo está muriendo dentro de los hogares. Diversos asuntos están ocupando el lugar de las relaciones. El hogar se está transformando apenas en un albergue donde las personas duermen. Ya pasó el tiempo en el que la familia se reunía alrededor de una mesa para una comida. Pocas familias aún mantienen el culto doméstico en el cual los miembros de la familia se deleitan en la Palabra.

Hay papás que siempre están muy ocupados para ayudar a los hijos. Remplazan las cosas importantes por las urgentes. Un ejemplo es el hijo que pide ayuda al papá para hacer la tarea del colegio y el papá le responde de inmediato: "Yo no tengo tiempo" o "Estoy muy cansado". Después de cinco minutos, el teléfono suena y el hijo ve al papá gastar media hora en una conversación frívola, e inmediatamente, el hijo concluye que no tiene, con su padre, el mismo valor que los amigos. En vez de construir puentes de contacto con el hijo, se cavan abismos en la relación.

Muchos papás pierden a los hijos corriendo trás otras aspiraciones. Conocí a un hombre que tenía tres empleos. Él tenía orgullo de añadir todos los años un carro, u otro apartamento en la declaración de su impuesto de renta. Salía por la mañana y dejaba a los hijos durmiendo. Volvía muy tarde en la noche y los hijos estaban durmiendo. El tiempo pasó y ese papá no se dedicó a los hijos. Remplazó presencia por regalos. Uno de sus hijos murió de sobredosis de cocaína al cumplir dieciocho años de edad. Ese papá lloró amargamente y dijo que daría todo para volver atrás y hacer todo diferente; sus bienes no tenían más razón de ser, ya había perdido al hijo, su verdadero tesoro. La verdad, ningún éxito compensa el fracaso de la familia.

Elí fue un papá omiso (1 S 2:22-24; 2:29-34). Él no abrió los ojos para ver los avisos de peligro dentro de su hogar. Hubo tres advertencias y aun así no tomó las medidas necesarias para resolver el problema.

La primera advertencia vino del pueblo (1 S 2:22-24) que no ocultaba de Elí las trasgresiones de Ofni y Finees. La voz en general que se oía en cualquier lugar decía que los hijos de Elí eran motivo de escándalo y tropiezo para toda la nación. Todos sabían que estaban viviendo de manera escandalosa, y lo que hacían era malo a los ojos del Señor. El liderazgo de Elí estaba herido por culpa de sus hijos. La obra de Dios estaba siendo perjudicada por causa de Ofni y Finees. Pero la advertencia de Elí fue débil. Él los exhortaba sin ningún vigor. No los disciplinó, no los castigo ni los alejó del sacerdocio. Exhortó los hijos solamente con palabras, pero no con acciones.

La segunda advertencia vino por un profeta anónimo (1 S 2:27-34). Dios denunció la ingratitud de los hijos de Elí. Redactó la sentencia en la que el ministerio de ellos iba a acabar. Apuntó a la autoridad de la sentencia: *Jehová el Dios de Israel dice* [...] y mostró el principio sobre el cual ejercía la autoridad: *porque yo honraré a los que me honran* [...]. El profeta habló sobre la represión de Dios (1 S 2:29); sobre el rechazo (1 S 2:30) y el castigo divino (1 S 2:31-34). Aun ante ese mensaje tan contundente, Elí no se movió. Su pasividad se volvió reprobable.

La tercer y última advertencia vino del propio Dios por intermedio de Samuel (1 S 3:11,12,17,18). Para los criterios de evaluación de Dios, la prueba de fuego del liderazgo de un papá no está en el ámbito de sus habilidades sociales, sino de sus relaciones familiares (1 Tim 3:1-5). Elí fue omiso para corregir a sus hijos ante tantas advertencias. Él fue débil y sin fuerza. Le faltó autoridad y pulso para corregirlos. Le faltó firmeza para criarlos en la disciplina y amonestación del Señor. Hay papás que no aceptan cualquier queja en contra de sus hijos. Aun cuando están equivocados, los defienden y de esa manera, en vez de ayudarlos, les incentivan a continuar en el camino del pecado.

Un gran hombre que fracasó como papá

Elí fue un papá blandengue (1 S 2:29b;3:13). Honró más a los hijos que a Dios al permitir que continuaran en la práctica de sus pecados y aún así, permanecieran en el ejercicio del sacerdocio. La sentencia de Dios contra la casa de Elí fue pesada. Dios le dijo a Samuel sobre Elí:

> *Aquel día yo cumpliré contra Elí todas las cosas que he dicho sobre su casa, desde el principio hasta el fin. Y le mostraré que yo juzgaré su casa para siempre, por la iniquidad que él sabe; porque sus hijos han blasfemado a Dios, y él no los ha estorbado* (1 S 3:12-13).

La Biblia dice *Castiga a tu hijo en tanto que hay esperanza* [...] (Pr 19:18). Hoy hay hijos mandando sobre sus papás. Hay papás rehenes de los hijos. Si no hay disciplina cuando los hijos aún son pequeños, después que crecen se volverán rebeldes y se convertirán en la vergüenza de los padres y oprobio de la familia.

Elí fue un papá alcahueta (1 S 2:29). No solamente dejó de corregir a los hijos, sino que se volvió participante de sus pecados. La Biblia dice que él murió siendo un hombre *pesado*. Y ¿Por qué? El escritor sagrado responde: *¿Por qué habéis hollado mis sacrificios y mis ofrendas, que yo mandé ofrecer en el tabernáculo; y has honrado a tus hijos más que a mí, engordándoos de lo principal de todas las ofrendas de mi pueblo Israel?* (1 S 2:29). Elí comió también la carne que sus hijos habían tomado inescrupulosamente del sacrificio. Aceptó el estilo de vida que llevaban. Se volvió cómplice de los pecados de ellos. Toleró el error y después se volvió participante de ellos. Él perdió la autoridad espiritual sobre los hijos.

Elí fue un papá fatalista (1 S 3:18). Aceptó pasivamente el decreto de la derrota sobre su casa. No reaccionó ni clamo por misericordia. No oró ni intercedió por sus hijos. Se entregó y desistió. Elí no tenía más fuerzas para luchar por la salvación de su casa.

Papá, ¡no se entregue! ¡No tire la toalla! No desista de sus hijos. ¡No renuncie a su familia! Usted no gestó hijos para la muerte. Usted no gestó hijos para el cautiverio. Ore, luche, llore, ayune por la salvación de ellos. La familia de Elí acabó en tragedia porque sus hijos pensaron que podían hacer la obra de Dios sin santidad. En la guerra contra los filisteos, cuatro mil hombres murieron. Entonces Ofni y Finees, trajeron el arca del pacto, símbolo de la presencia de Dios, pero el arca fue robada, treinta mil hombres cayeron muertos y ellos también murieron. Elí recibió la noticia de la tragedia, cayó de la silla, se rompió el cuello y su nuera dio a luz un hijo que llamó Icabod: *Traspasada es la gloria de Israel*. Aquella familia solamente reconoció que Dios estaba lejos de ellos después de la tragedia. ¿Será que la gloria del Señor se está ausentando de su casa, de su familia? Es el momento de actuar. Hagamos una gran cruzada por la salvación de nuestras familia. Ningún éxito compensa la perdida de la familia.

Lecciones prácticas de la experiencia negativa de Elí

Existen dos formas para que aprendamos el camino correcto. La primera de ellas es evitando los malos ejemplos; la segunda es imitando la vida de aquellos que andan rectamente. El ejemplo de Elí es negativo. Con Elí, debemos aprender lo que un papá debe evitar, observando la experiencia de Elí.

El peligro de cuidar de los demás y no cuidar de la propia familia. Elí invirtió su vida y su tiempo cuidando de otras familias, pero se olvidó de la suya. Él fue ágil y hábil para ayudar los hijos de los demás, pero lento para acompañar y orientar a sus propios hijos. Fue un juez con fama fuera de las puertas de su casa, pero un papá fracasado dentro de las fronteras de su hogar. Celebró esplendidas victorias en su trabajo y cosechó derrotas amargas dentro de casa. Alguien dijo que Noé fue el evangelista más grande de todos los tiempos, pues, a pesar de haber predicado tantos años sin ver ni siquiera una conversión, llevó toda su familia para el arca. ¿De qué sirve llevar multitudes para el arca de la salvación y ver perecer a los propios hijos?

EL peligro de ser famoso fuera de las puertas y no tener autoridad dentro de casa. Como ya dijimos, Elí tuvo un ministerio estable en dos áreas vitales de la nación: política y espiritual. Elí, posiblemente, fue el hombre más conocido en Israel por cuatro décadas. Todas las familias de Israel lo conocían. Tenía autoridad y poder para juzgar al pueblo e interceder por él, pero estaba debilitado para pastorear a su propia familia. Tenía autoridad con extraños, pero no con sus hijos. Él era firme con los demás y blandengue con los de casa. Su autoridad estaba deteriorada dentro de su propia familia. Nuestro principal campo de acción debe ser nuestra propia familia. Aquel que no sabe cuidar de su propia familia, ¿cómo cuidará de la Iglesia de Dios?

El peligro de acostumbrarnos con las cosas sagradas al punto de perder el temor de Dios. Ofni y Finees eran sacerdotes, hacían sacrificios a favor del pueblo, mantenían todos los rituales sagrados. La liturgia del culto estaba siendo mantenida. Pero nada de eso tenía el menor sentido para ellos, pues solo tenían el molde, solamente mantenían las apariencias. La familiaridad con las cosas sagradas les quitó el sentido de reverencia. Estaban tan acostumbrados con las cosas de Dios que pasaron a despreciarlas. Estaban viviendo en la práctica sin vergüenza de pecados escandalosos y al mismo tiempo oficiando en el templo. De la misma manera hay papás e hijos que están viviendo de manera escandalosa en la vida privada y pública, pero piensan que pueden salir ilesos ya que continúan yendo a la iglesia, manteniendo sus rituales sagrados sin cambios. Un triste engaño. Lo que el hombre siembre eso cosechará. Lo que haga mal eso caerá sobre su cabeza. ¡Quien siembra vientos cosecha tempestades!

El peligro de conformarnos con los pecados de nuestros hijos al punto de estar más preocupados en agradarlos que en honrar a Dios. Elí es acusado de amar más a los hijos que a Dios. En vez de repudiar los pecados de sus hijos y disciplinarlos con firmeza y amor, Elí pasó a ser alcahueta y cómplice de los pecados de ellos. El amor que tenía no fue un amor responsable. El amor que retiene la vara de la disciplina es un remedo del verdadero amor. Quien ama confronta. Mejor la herida ocasionada por el amigo que la adulación de los que cobardemente dejan de confrontar el error.

El peligro de aceptar pasivamente el decreto de la derrota en nuestra familia. Elí fue débil en la disciplina y débil en la intercesión por sus hijos. Evitó llevar a sus hijos a las lágrimas del arrepentimiento y dejó de llorar al oír la sentencia de muerte de ellos. Aceptó pasivamente el decreto de la derrota de su familia. En vez de llorar, orar y clamar a favor de los hijos, él admitió que habían llegado al fin de la línea. Elí desistió y la última cosa que oyó en la vida fue la información de la muerte que tuvieron.

El peligro de estar desatentos al hecho de que el cáliz de la ira de Dios se puede llenar por causa de nuestra casa. Dios mostró a Elí de varias maneras y por varias personas la grave situación de su casa. La taza de la ira de Dios jamás viene sin que antes las trompetas de advertencia hagan eco en nuestros oídos. Elí tapó los oídos a todas las voces que lo confrontaron, no teniendo en cuenta que aquel que endurece la cerviz pude ser quebrantado repentinamente. Él subestimó las solemnes advertencias de Dios hasta que llegó el día en el que el Señor dijo: ¡PARE! Entonces, su familia fue removida del camino y la gloria del altísimo fue alejada del pueblo.

Capítulo tres

UN PAPÁ QUE ORABA POR SUS HIJOS

NOSOTROS NOS PREPARAMOS PARA HACER LAS COSAS más importantes de la vida. Nos preparamos para entrar al colegio, para los exámenes de la universidad, para un concurso público, para un pleito político, para un viaje. Pero poco son los hombres que se preparan para la paternidad.

Hay hombres que ganaron notoriedad en el mundo y fracasaron como padres. Que conquistaron riquezas y perdieron a sus hijos; que tuvieron tiempo para extraños, pero nunca para los hijos; cultivaron la simpatía de extraños, pero abrieron heridas en el alma de sus hijos. Consideremos el ejemplo de Job, un hombre de valor, un papá de verdad.

Job anduvo con Dios y dejó a sus hijos un rico ejemplo de carácter irreprensible

Hubo en tierra de Uz un varón llamado Job; y era este hombre perfecto y recto, temeroso de Dios y apartado del mal (Job 1:1).

El bien más grande y la herencia más grande que un papá le puede dejar a los hijos son su carácter honrado, su vida impecable, su dignidad intachable y su ejemplo irreprensible. Job era como un espejo para sus hijos. Hay dos verdades que nos llaman la atención en Job.

Job era un hombre íntegro en medio de una generación perversa (Job 1:1). Él aparece delante de nosotros apenas como un hombre. Él no era un super hombre, ni un héroe, ni un gigante, ni un ángel, sino que era solamente un hombre. Era un hombre de verdad, excepcional, un hombre de valor. El mundo necesita hombres verdaderos. La familia necesita hombres verdaderos. Cierta ocasión, Diógenes salió a las calles de Atenas, con el sol fuerte, con una linterna en sus manos. Alguien extrañando su actitud, le preguntó: "¿Diógenes, qué busca?" Él respondió "Buscó a un hombre de verdad". Hoy también tenemos que salir con las linternas prendidas, al medio día, buscando un hombre de verdad, un hombre íntegro.

Es necesario recordar que Job era un gentil, de la tierra de Uz. Su país estaba lleno de idolatría. En su tierra las personas adoraban muchos dioses. Pero él andaba con Dios en medio a una generación sumergida en el caudal más profundo del pecado, era íntegro en medio de una sociedad corrompída. Job nos muestra que la gracia de Dios no está confinada apenas a una raza o a un pueblo. La gracia de Dios florece en los lugares más desfavorables. De la misma manera como Abraham y Moisés, fueron encontrados fieles en medio a una generación infiel. Tenemos que brillar como luceros en el mundo. Tenemos que ser como Abdías en la corte de Acab, como Daniel en Babilonia y como los santos en la casa de Cesar. Usted, papá, puede ser un hombre piadoso en su trabajo y en su hogar. No importa quien está a su alrededor. Usted puede ser alguien que genera influencia en los demás.

Job era un hombre que asociaba su vida moral a su vida religiosa (Job 1:1). Job era verdadero en lo íntimo. El propio Dios lo llamaba *varón perfecto y recto*. No había ambigüedad ni hipocresía en Job. Dios está más interesado en quienes somos que en lo que hacemos. Carácter es más importantes que desempeño. Integridad es más importante que trabajo. Job era íntegro. Fue íntegro en la riqueza y permaneció íntegro en la pobreza. El carácter viene antes de la grandeza y es la base que lo sostiene. Job fue íntegro en los días de celebración y en el valle más oscuro del dolor y probación. Paso por la prueba de la prosperidad y por la prueba de la adversidad.

Job también era verdadero externamente. Dios también lo llama de *hombre recto*. La rectitud es consecuencia de la integridad. Moralidad sin piedad es como un cuerpo sin alma. La rectitud tiene que ver con actos externos, la integridad con valores internos. La verdad en lo íntimo conduce a una práctica de justicia. Job da su testimonio: *Yo era ojos al ciego, Y pies al cojo. A los menesterosos era padre, Y de la causa que no entendía, me informaba con diligencia* (Job 29:15,16).

También, con respecto a su carácter religioso, Job tenía una devoción positiva. Las Escrituras registran que él era un hombre *temeroso de Dios*. Aquí está el secreto de la integridad de Job. Ningún hombre puede tener una vida interior santa sin el temor de Dios. Los santos temen a Dios porque Él perdona; el pecador porque Él disciplina.

Job no sólo era temeroso de Dios, sino que también se oponía al pecado. La Biblia completa diciendo: [...] *apartado del mal*. Un papá de verdad no sólo es temeroso de Dios, sino que también odia el pecado, huye del pecado y no lo consiente. No es suficiente no pecar, debemos odiar el pecado en todas sus formas y con toda la fuerza de nuestra alma. Debemos huir toda apariencia de mal.

Job invirtió en la relación con sus hijos, sembrando las semillas de amistad sus corazones

> *E iban sus hijos y hacían banquetes en sus casas, cada uno en su día; y enviaban a llamar a sus tres hermanas para que comiesen y bebiesen con ellos* (Job 1:4).

Job era un hombre próspero y feliz. Tenía riquezas, era el hombre más rico del oriente. Pero la riqueza más grande de Job era su familia. En el mundo oriental, tener una familia grande era una señal de la bendición de Dios. Los hijos eran como flechas en la mano del guerrero. Y los hijos de Job también tenían familias felices. Tenemos que aprender a celebrar como familia. Tenemos que cultivar la amistad en la familia. Los hermanos tienen que ser amigos, amables y cariñosos unos con los otros.

Muchos padres en aquella época no conseguían tener éxito en mantener los hijos unidos: Adán tenía apenas dos hijos cuando Caín, el primogénito, sintió envidia de Abel y lo asesinó con exceso de crueldad (Gén 4:8). Abraham tuvo a Ismael, con una criada para buscar la descendencia prometida en una clara y desastrosa precipitación. Ismael se burlaba de Isaac y los dos hermanos no pudieron crecer juntos como amigos (Gén 21:9). Isaac sembró celos y odio en corazón de sus hijos Esaú y Jacob y pasó la vejez solo y amargado (Gén 27:41). Jacob no aprendió con los errores del papá y cometió el pecado de preferir a su hijo José más que a los demás, esa actitud llevó a sus hermanos a odiarlo (Gén 37:4). David vio a sus hijos crecer sin ser amigos. Hubo guerra dentro de la casa del rey. Los hijos crecieron en un palacio, pero sin unión fraternal (2S 13:28).

Los hijos de Job aprendieron a celebrar juntos y a no meterse en peleas y contiendas. Tenían tiempo para estar juntos. Festejaban sus cumpleaños juntos.

Se invitaban unos a otros. Eran unidos y se amaban. Pero esa unión fue fruto de la inversión de Job, fue fruto de la educación que recibieron. Job tenía tiempo para sus hijos. Él tejió el vínculo del amor que mantuvo unidos sus hijos.

Padre, ¿sus hijos son unidos? ¿Qué ha hecho para crear ese lazo de unión en el corazón de ellos?

Job ejercía plenamente el sacerdocio de su hogar

Destacamos cuatro verdades preciosas en ese aspecto.

Job se preocupaba con la salvación de sus hijos (Job 1:5). Las Escrituras dicen que Job *ofrecía holocaustos conforme al número de todos ellos*. De manera similar a Abraham, Job tenía un altar en su casa. Sabía que sus hijos necesitaban estar cubiertos por la sangre. Job sabía que no había remisión de pecados sin derramamiento de sangre y no descansaba hasta no ofrecer el sacrificio a favor de sus hijos. Yo les preguntó: ¿Sus hijos están cubiertos por la sangre? ¿Están dentro del arca de salvación? ¿Están cubiertos por la sangre del Cordero? No basta tener hijos saludables, inteligentes y exitosos profesionalmente. No basta tener hijos brillantes en los estudios, en los deportes y en la vida emocional. Tenemos que tener hijos salvos.

La Biblia habla de Lot. Él amó más el dinero que a sus hijas. Llevó su familia para Sodoma y allá perdió todo y arruinó a su familia. Los yernos fueron destruidos con fuego y azufre. Su mujer se volvió una estatua de sal. Él se volvió papá de sus nietos y abuelo de sus hijos. Su descendencia se volvió una semilla maldita en la tierra. Ningún éxito compensa el fracaso espiritual de los hijos. ¿De qué le sirve ganar el mundo entero y perder a sus hijos?

El Salmo 78 nos desafía a ganar nuestros hijos para Dios. Nuestros hijos necesitan ser más hijos de Dios que nuestros. La inversión más grande que hacemos es su salvación. Como ya hemos mencionado, Noé fue un hombre victorioso, porque, a pesar de haber predicado por 120 años sin ver ni una conversión, llevó todos los hijos consigo al arca.

Job era como el águila, el colocó el nido de sus hijos en un refugio alto, lejos de los depredadores (Job 39:27,28). Job no confió en la seguridad de la riqueza. Por eso, oraba por los hijos y ofrecía holocaustos a su favor.

Job se preocupaba con la santificación de sus hijos (Job 1:5). La Palabra de Dios dice: *Job enviaba y los santificaba*. Él ejercía una fuerte influencia sobre la vida de ellos. Tenía tiempo para los hijos. No remplazaba presencia por regalos. Él los llamaba, los santificaba e invertía en su vida espiritual. La Biblia nos enseña a no provocar nuestros hijos a ira, sino a criarlos en la amonestación y disciplina del Señor. Y nos exhorta a no irritar a nuestros hijos para que no se desanimen. La Biblia nos dice que debemos guardar la Palabra en nuestro corazón e inculcarla en la mente de nuestros hijos. Y nos enseña a liderar espiritualmente nuestra familia, estimulándola a servir a Dios. La Biblia narra la historia de Josué, el gran comandante que introdujo el pueblo de Israel en la Tierra Prometida. Él desafió su nación diciendo: *Yo y mi casa serviremos a Jehová* (Jos 24:15). Padre, ¿ha santificado sus hijos? ¿Ha leído la Biblia con ellos? ¿Ha llamado a sus hijos para hablarles sobre Dios? ¿Ha llorado ante Dios por la salvación de ellos?

Job se preocupaba con la vida íntima de sus hijos con Dios (Job 1:5). Y pensaba: *Quizá habrán pecado mis hijos, y habrán blasfemado contra Dios en sus corazones.* Él se preocupaba no solo con la vida exterior de los hijos, sino con los sentimientos del corazón. Tal vez la prosperidad pudo llevarlos a amar las cosas de la tierra más que las cosas del cielo. Queridos papás, tenemos que estar atentos no solamente con la apariencia, sino con la vida íntima de nuestros hijos. No basta darles ropa de marca, colocarlos en los mejores colegios sin no le temen a Dios en el corazón. Nosotros, que nos angustiamos cuando vemos a nuestros hijos enfermos, ¿será que nos hemos preocupado con la peor de todas las enfermedades, el pecado, el que puede destruirlos? Querido padre, ¿usted se preocupa con los problemas de sus hijos? ¿Es amigo, confidente de sus hijos? ¿Su corazón está convertido al corazón de ellos?

Job era un padre intercesor (Job 1:5). Más que padres cultos, ricos y famosos, necesitamos padres que oren por sus hijos. Job oraba por todos. Oraba individualmente a favor de cada uno y específicamente a favor de cada necesidad. Cada hijo tenía una necesidad, un problema, un temperamento, una causa diferente. Cada uno tenía tentaciones, pruebas y necesidades diferentes. Tenemos que aprender a colocar en el altar de Dios a nuestros hijos y sus causas. Como Ana, tenemos que devolver nuestros hijos a Dios, para que realicen los sueños de Dios y no solamente los nuestros. Como los padres de Sansón, tenemos que orar por nuestros hijos aun antes de que ellos nazcan.

También vemos que Job oraba de madrugada por los hijos. Él era el hombre más rico del oriente. Tenía muchos negocios, muchos empleados, una agenda atribulada con muchos compromisos. Pero lo mejor de su tiempo era dedicado para interceder por sus hijos. Él gastaba lo mejor de su tiempo intercediendo por sus hijos. Tim Cimbala, pastor de la iglesia de Brooklin, en Nueva York, cuenta de su hija primogénita que se mostraba insensible al evangelio. Aun teniendo un ministerio reconocido en el mundo entero, estaba perdiendo la batalla dentro de su propia casa. Su hija, aun adolescente, había salido de casa y estaba en las sombras espesas del mundo. Él llegó a pensar en abandonar el ministerio. Su dolor era devastador. Un día, un amigo le sugirió dejar de sufrir por la hija y seguir adelante en el ministerio. ¿Pero cómo un papá puede olvidarse de un hijo, de una hija? Una noche, en un culto de vigilia, una hermana de la iglesia se levantó y dijo que aquella iglesia nunca había llorado a favor de aquella niña. Entonces los hermanos se dieron la mano e hicieron un gran circulo alrededor de las bancas y en aquella noche, el santuario se transformó en una especie de sala de parto. Hubo lágrimas, sollozos y gemidos delante de Dios, rogando al Señor por la liberación de ella. Cuando amaneció, el pastor regresó a la casa y dijo a la esposa que estaba convencido que Dios había liberado a su hija en esa madrugada. Dos días después, muy de madrugada, el timbre sonó, y cuando abrieron la puerta, la niña con lagrimas en los ojos, entro a su casa y cayó de rodillas delante de su padre, preguntándole que había sucedido aquella madrugada, dos días antes. Confesó que fue invadida por una profunda convicción de pecado y que deseaba volver a Dios, a la familia y a la iglesia. ¡Dios restauró aquella niña y el instrumento que usó fue la oración intercesora!

Job también oraba perseverantemente por sus hijos. Era un hombre de oración, un padre intercesor. Él era el sacerdote de su hogar y creía que sus hijos dependían más de la bendición de Dios que del dinero. Sus hijos eran ricos, pero carecían de Dios. Sus hijos tenían todo, pero dependían de Dios. El todo sin Dios es nada. La necesidad más grande de los hijos es de Dios y no solamente de sus bendiciones. Job no se cansaba de sus hijos. Él no desistía de orar por ellos.

Resumiendo, Job oraba por sus hijos incluso después de que estaban casados. El ministerio de Job no terminó aun después de que se volvieron adultos. Todos ya estaban en sus casas, pero Job continuaba velando por la vida espiritual de cada uno. Aunque no estuvieran más debajo del abrigo de su techo, los mantenía debajo del abrigo de sus oraciones. Nunca deje de colocar sus hijos en el altar de Dios. Sus hijos son hijos de la promesa, son herencia de Dios. Usted no tuvo hijos para la muerte. Sea un reparador de brechas, con el fin de que puedan reparar las bases de esta generación.

Capítulo cuatro

Un papá que luchó por sus hijos y después los perdió

David fue un hombre fuera de lo común, que demostró cuidado y fervor en todo lo que hizo. Amó a Dios con intensidad y expresó eso por medio de sus salmos. Pero también cayó bruscamente en la maraña del pecado y cometió atrocidades terribles. Lo que hizo de él un hombre según el corazón de Dios es que siempre demostró quebrantamiento y disposición para el arrepentimiento. Siempre que fue confrontado, se humilló bajo la poderosa mano de Dios.

David fue un pastor de ovejas, un compositor inspirado, un músico de cualidades superlativas, un hijo obediente, un hombre de valor, capaz de agarrar un león por la barba y enfrentar victoriosamente un oso devorador. David fue un guerrero con experiencia, un líder carismático, un conquistador sin igual.

Fue un hombre de cualidades mayúsculas. Un adorador lleno del Espíritu Santo. Un rey temido y al mismo tiempo amado en el mundo entero. Conquistó muchas victorias y se volvió el rey más grande de todos los reyes de Israel.

David, un hombre de Dios

Veamos algunos aspectos de la vida de David que lo señalan como un hombre de Dios.

David era un hombre ungido por Dios (1 S 16:12). Dios lo escogió entre los hijos de Isaí, lo sacó del cuidado de las ovejas y sus crías para ser el pastor de Jacob, su pueblo, y de Israel, su herencia (Sal 78:70,71). No fue solamente escogido por el pueblo, sino, sobre todo, escogido por Dios. Él llegó al trono no por medio de un juego político, sino por elección divina. Su capacitación no vino de sus talentos naturales, sino de su unción sobrenatural.

David era poseído por el Espíritu Santo (1 S 16:13). David no fue apenas ungido, sino que también lleno por el Espíritu. El propio Espíritu lo capacitó y adiestró sus manos para el gran desafío de gobernar Israel, después de un tiempo turbulento bajo la dirección de Saúl. Sin embargo la unción de David, más allá de llevarlo al trono, lo llevó al desierto. El Espíritu se adueñó no para conducirlo inmediatamente al auge del éxito, sino para capacitarlo a resistir con humildad a los ataques sin sentido de Saúl. Él recibió poder no para exaltarse, sino para humillarse. Fue capacitado para sufrir, antes de ser conducido al trono. Dios lo condujo por las arenas calientes del desierto, antes de llevarlo a los tapetes aterciopelados del palacio. En verdad, Dios usó el rey Saúl para impedir que David fuera un Saúl II. Dios usó a Saúl para perfeccionar a David.

David era un hombre humilde (1 S 16:21;17:13-17,28). Él no dejó al poder subirsele a la cabeza, antes reconocía que era Dios quien lo dirigía en triunfo y le daba a Dios la gloria por las victorias conquistadas. La humildad es la puerta de entrada de las victorias más expresivas. Donde la soberbia llega, la derrota se establece. La altivez es la sala de espera de la derrota. Humildad no es la ausencia de autoconfianza, pero es confianza enfocada en Dios.

David era un hombre de éxito (1 S 18:14). Todo sobre lo que David colocaba las manos prosperaba. Él era un hombre bendecido y bendecidor. Dios mismo lo condujo en triunfo y lo hacía prosperar. En todas las áreas, coleccionaba victorias. Venció las fieras que acechaban las ovejas. Venció al gigante Goliat que desafiaba su nación. Venció ejércitos y triunfó valientemente sobre sus enemigos. Coleccionó en la vida muchas victorias. Su camino estaba marcado de gloriosas conquistas. De hecho, era el propio Dios que lo hacía prosperar.

David era un hombre según el corazón de Dios (Hch 13:22). David no fue un hombre perfecto, sino fue un hombre quebrantado. Jamás endureció su cerviz. Siempre que fue confrontado por la Palabra de Dios, se curvó arrepentido. Era un hombre obstinado, pero de corazón derretido ante Dios. Solamente David recibió este título en la Biblia: *Hombre según el corazón de Dios*.

David, un hombre que lucho por sus hijos

Uno de los incidentes más dramáticos en la vida de David sucedió en el territorio filisteo. Él estaba forajido del insano rey Saúl y buscó asilo político bajo la sombra del rey Aquis. Juntó a seiscientos mil hombres se unió al rey filisteo e inclusive llegó a ocupar la posición de escudero del rey. La ciudad de Siclag fue dada a David y a sus hombres, como su ciudad de refugio. Cuando el rey de Aquis estaba marchando con su ejército para guerrear contra Saúl, David acompañó a su comitiva. En ese momento, los príncipes filisteos le aconsejaron al rey de Aquis que despidiera a David de esa pelea. Entonces David regresó con sus hombres a Siclag y cuando llegaron, fueron sorprendidos por una realidad dolorosa. Los amalecitas habían invadido con ímpetu la ciudad de Siclag, hiriéndola y quemándola, tomando los despojos y llevando cautivos a sus hijos, sus hijas y a sus mujeres.

Cuando David vio aquella escena aterradora, lloró públicamente hasta no tener más fuerzas (1 S 30:4). Sus hombres, cada uno por causa de sus hijos e hijas, se rebelaron contra David para apedrearlo (1 S 30:6). David se angustió demasiado con aquella situación, sin embargo, en un instante de fe, se reanimó en Jehová. Él no se entregó, no boto la toalla, no se conformó con el decreto de la derrota. Él se animó nuevamente en Jehová su Dios y oró con confianza: ¿Perseguiré a estos merodeadores? ¿Los podré alcanzar? Y él le dijo: Síguelos, porque *ciertamente los alcanzarás, y de cierto librarás a los cautivos* (1 S 30:7,8). David y sus seiscientos hombres salieron para la pelea con el propósito de capturar nuevamente los despojos, las mujeres, los hijos y a las hijas. Ese hecho nos enseña grandes lecciones.

Los enemigos son implacables en el ataque a las familias. Los amalecitas representan todos los enemigos, humanos o demoniacos, que atacan nuestros hijos para mantenerlos cautivos. Son muchas las estrategias que el enemigo usa para seducirlos y mantenerlos en cautiverio. Los amalecitas atacaron Siclag con furia. Ellos vinieron para destruir completamente la ciudad. El enemigos es cruel, no juega, no duerme y no sale de vacaciones. Tenemos que tener cautela. El enemigo es versátil, tiene muchas caras y usa muchos disfraces él tiene un arsenal variado y nos investiga meticulosamente con la finalidad de encontrar algún flanco abierto en nuestra armadura.

Los papás no pueden descansar mientras sus hijos están en las manos del enemigo. David lloró y se angustió, pero también se reanimo en el Señor, oró y actuó. No solamente oró, sino que se levantó y partió para la acción. Y procedió de manera tan resuelta que triunfó sobre los enemigos y tomo de regreso a sus hijos, a sus hijas y a toda su familia. Él no aceptó pasivamente el decreto de derrota y no descansó hasta tener de regreso su casa. Muchos padres desisten prematuramente. No es sensato ni seguro desistir de nuestro matrimonio y de nuestros hijos. Tenemos que invertir lo mejor de nuestro tiempo, de nuestros esfuerzos, de nuestra energía para luchar a favor de nuestra familia.

Los papá tienen que llorar por los hijos (1 S 30:4). Quien llora está diciendo que alguna cosa está mal, que no está conforme con la situación y que no acepta pasivamente el decreto de la derrota. Tenemos que llorar por nuestros hijos. No gestamos hijos para el cautiverio. No los criamos para entregarlos al enemigo. Tenemos que llorar pidiendo a Dios el don de las lágrimas. Tenemos que llorar por los motivos correctos. Tenemos que llorar para verlos restaurados. Tim Cimbala, pastor de la Iglesia Bautista de Brooklin, como ya fue dicho, lloró y se angustió ante Dios por su familia, sin jamás desistir de ella. Y Dios le dio la alegría de ver a su hija de regreso en el hogar y en los brazos del Señor. Dios oyó su clamor y las oraciones de la iglesia y su hija volvió quebrantada, arrepentida y salva.

Los papás tiene que reanimarse en el Señor para rescatar a los hijos (1 S 30:6). El llanto lava el alma, ablanda el corazón e ilumina los ojos. Cuando nos postramos en lágrimas ante el Señor, nos levantamos animados por Dios. Él mismo cura nuestras heridas, restaura nuestra suerte y trae a nuestros hijos de regreso. David no se reanimó porque sus hombres estaban a su lado o por considerarse fuerte, o porque los enemigos eran débiles ni aun por tener cualquier estrategia para vencerlos. Él se reanimó a pesar de la soledad, de su debilidad y de su aflicción. Él se reanimó en el Señor su Dios. Cuando nuestros recursos se acaban, los recursos de Dios continúan suficientes. Cuando nuestra fuente se seca, las fuentes de Dios continúan fluyendo. Cuando nuestra fuerza se acaba, podemos ver el brazo extendido de Dios luchando en nuestro favor. Con Dios no hay pleito perdido. En Él podemos triunfar, primero sobre nuestros sentimientos, después sobre las circunstancias y, finalmente, sobre nuestros enemigos.

Los padres tienen que orar por la restauración de los hijos (1 S 30:7,8). La reacción de David no fue carnal, sino espiritual. Él no reaccionó con amenazas y puños cerrados, sino con humildad y rodillas dobladas. Él se reanimó y cayó de rodillas. Un hombre nunca es tan grande como cuando actúa con humildad y nunca es tan fuerte como cuando está de rodillas en oración. Nuestra fuerza no viene de dentro, sino de lo alto. La cuestión no es la autoayuda, sino la ayuda de lo alto. David hizo una oración corta: ¿Perseguiré a estos merodeadores? ¿Los podré alcanzar? O sea, David estaba preguntando a Dios: "¿Señor, el enemigo me dio una goleada, debería aceptar pasivamente el decreto de la derrota o reaccionaré?" Dios le ordenó a David que reaccionara y le prometió victoria sobre los enemigos. Todo lo que el enemigo había tomado de David él lo habría de traer de regreso. Dios estaba prometiendo restituir a David sus hijos, su familia y sus bienes.

Los papás tienen que luchar por la restitución de los hijos. Cuando actuamos basados en las promesas de Dios, somos invencibles. El débil obtiene fuerzas y el postrado se levanta. Nos volvemos verdaderos gigantes cuando luchamos con los ojos fijos en la promesa. Sin embargo, es importante resaltar que Dios no nos promete comodidades, sino victoria en las tribulaciones. Él no nos promete vida fácil, sino la victoria; no la ausencia de lucha, sino el triunfo garantizado; no una caminata fácil, sino la llegada segura. La lucha fue tan sangrienta que doscientos hombres de David quedaron atrás de tanto cansancio. Pero aquellos que estaban alimentados por la promesa continuaron, lucharon, vencieron y tomaron de vuelta todo lo que el enemigo había saqueado.

Los padres tienen que rescatar a sus hijos. David no descansó mientras su familia permaneció en las manos del enemigo. Él no boto la toalla. No desistió de sus hijos, de sus mujeres y de las familias de sus colaboradores. David luchó con valentía y rescató todo lo que Dios le había dado. Tenemos que tener afán para reconquistar lo que el enemigo nos robó. No podemos bajar la guardia en esa pelea. No podemos conformarnos con perder nuestros niños ante el enemigo. No gestamos hijos para el cautiverio. No los criamos para entregarlos en las manos del enemigo. Ellos, la herencia de Dios, son los hijos de la promesa. No podemos desistir pues pertenecen al Señor. Por eso, debemos luchar en oración y no descansar hasta verlos como coronas de gloria en las manos del Altísimo.

Cuando el pueblo de Israel estaba saliendo de Egipto, Faraón intentó mantenerlos bajo control de cuatro maneras, por lo menos. Primero, proponiendo que el pueblo sirviera a Dios en el propio Egipto (Éx 8:25). Esa propuesta fue rápidamente rechazada por Moisés. Ella significaba servir a Dios sin cambio de vida. La conversión implica rupturas reales y profundas. Después, proponiendo que el pueblo, al salir, no fuera muy lejos (Éx 8:28). Esa es la política de la buena vecindad, que también decisivamente fue rechazada por Moisés. A continuación, proponiendo que, al salir, dejase los niños (Éx 10:10,11). Esa propuesta tenía como propósito dividir la familia y mantener bajo el dominio de la esclavitud a los niños y a los jóvenes. Moisés fue nuevamente firme y rechazó la sugerencia. Finalmente, proponiendo que el pueblo dejase en Egipto sus rebaños. Ellos servirían a Dios y sus bienes servirían a Egipto (Éx 10:24). La respuesta de Moisés fue digna de resaltar: *no quedará ni una pezuña* (Éx 10:26). No podemos dejar nada en las manos del enemigo. Todo lo que somos y tenemos proviene de Dios, es de Él y debe ser consagrado nuevamente a Él.

Los padres tienen que celebrar la liberación de sus hijos. David no solamente tuvo valor para luchar, sino que también tuvo disposición para dar gracias. No solamente tomó de regreso lo que le pertenecía, sino que también celebró con alegría las victorias espirituales. David dio las gracias a Dios por la restitución de sus bienes, de sus mujeres y de sus hijos. Él celebró con sus hombres la bendición de la restitución. Debemos orar por nuestra familia y debemos dar gracias por tenerla a los pies del Salvador.

David un hombre que se alejó de Dios

No obstante que los hechos levantados arriba sean legítimos y verdaderos, David tuvo un periodo tenebroso en su vida. Él cayó en pecado y eso le costó más caro de lo que estaba dispuesto a pagar; lo retuvo por más tiempo del que quería quedarse y tuvo consecuencias más graves de lo que imaginó podría soportar. Analizaremos a continuación algunos aspectos de esa caída.

Antes de caer en los brazos de la amante, David cayó en los brazos de la soledad (2 S 11:1,2). David era un guerrero. Aun siendo rey, jamás se ausentó de las batallas más sangrientas. Sin embargo, esta vez, se encontraba solo en el palacio. Ya era tarde y él aún estaba acostado en el lecho imperial, mientras sus soldados se encontraban en el frente de batalla. Esa soledad fue la puerta de entrada de una terrible tentación. La falta de ocupación de su mente le abrió las ventanas seductoras de los ojos aun antes de ver la ventana abierta en la casa de Betsabé. Hay un dicho que dice que "cabeza desocupada es el taller del diablo". Quien deja de hacer alguna cosa provechosa acaba haciendo alguna cosa peligrosa.

David se entregó a la pasión lasciva sin importarle las advertencias (2 S 11:3). David amordazó la voz de la conciencia antes de acostarse con Betsabé. Él no sólo miró a una mujer desnuda, sino que mandó saber quién era. David caminó en dirección de la caída, pero Dios colocó una advertencia más, como señal de alerta para impedirle caer. La mujer era Betsabé, esposa de uno de sus soldados. Urías no era cualquier soldado, sino uno de sus valientes. Él debería haber dado marcha atrás ante esa información, pero, porque no leyó las vallas que Dios había colocado en su camino, avanzó un poco más rumbo al abismo.

David cometió adulterio sin tener en cuenta los peligros (2 S 11:4). David estaba ciego por la pasión lasciva. Un segundo grupo fue enviado a la casa de Betsabé. Ahora no se trataba de un grupo de investigación, sino de una escolta para traerla al palacio. Betsabé vino y el rey se acostó con ella. El transformó la mirada en una pasión y la pasión en un acto insensato. El deseo ardiente desocupó su mente de cualquier lucidez. La gratificación de sus deseos absolutos, inmediatos e imperativos era la única voz que conseguía oír. La pelusa de hilo que era la mirada se volvió una gruesa cuerda de deseo consumado. El rey que había vencido al gigante ahora era un enano dominado por la pasión.

David mintió con la finalidad de mantener las apariencias (2 S 11:5-13). David pensó en escapar de su pecado, pero no tuvo en cuenta el juicio de Dios. La mujer quedó embarazada y el marido no estaba en la casa. El escándalo de un momento a otro vendría a la luz y la credibilidad de David sería echada por tierra. Betsabé podría ser apedreada y David tendría su reputación arruinada. Fue entonces que David tuvo un plan astuto para traer a Urías a casa. Quería conseguir un buen argumento para su crimen. Pero él no contó con otro factor, la integridad de su soldado. Urías rechazó ir a su casa, disfrutar de los placeres de la vida conyugal mientras sus compañeros se encontraban en el momento flamante de la batalla. David se puso la máscara de la mentira y le ofreció a Urías importantes privilegios, dándole regalos y disfrutando banquetes junto a él. El rey tenía gestos tan bondadosos, pero una intención maligna. Había dulzura en su voz, pero impiedad en sus actitudes.

David mató a Urías a pesar de ser inocente (2 S 11:14-25). Cuando David vio sus planes frustrados, dio un paso más en la dirección del abismo. Mandó matar a Urías, y eso, con exceso de crueldad. Le escribió una carta a Joab dándole órdenes para colocar a Urías en el frente de la batalla sin ninguna protección, con la finalidad de que fuera mortalmente herido. Y lo más grave, el propio Urías fue el portador de la carta del rey. Urías fue muerto de acuerdo al plan de David y, al recibir la noticia, el rey se pronunció de la siguiente manera: *Y David dijo al mensajero: Así dirás a Joab: No tengas pesar por esto, porque la espada consume, ora a uno, ora a otro* [...] (2 S 11:25). El rey se volvió no solamente un asesino, sino un asesino frio y calculador. Se sentía aliviado. Urías ya no estaba atravesado en su camino. Fue lo que pensó.

David se volvió hipócrita, a pesar de la confianza del pueblo (2 S 11:26,27). A los ojos humanos, el crimen de David estaba cubierto. A los ojos de sus súbditos, nada había sucedido que pudiera manchar la honra del rey. Después que Betsabé lloró el luto por el marido, David la trajo para el palacio y la hizo su mujer. Aun parecía un filántropo bondadoso dentro de su cultura polígama, casándose con una viuda desamparada. Humanamente hablando, estaba todo perfecto. Las cosas se encajaban. David continuaba en el trono. Su imagen no había sido dañada. Su reputación estaba intacta. Urías ya estaba fuera del camino. Ahora Betsabé era su mujer. Sin embargo una nota estada desafinando, una pieza no se encajaba en el rompecabezas. *Mas esto que David había hecho, fue desagradable ante los ojos de Jehová* (2 S 11:27). Nadie peca impunemente. El hombre puede escapar del brazo de la ley y evadirse de la justicia humana, pero nadie puede escapar del juicio de Dios.

David, un hombre que se vuelve a Dios

David escondió su pecado antes de ser confrontado (2 S 12:1-15). Hizo de todo para que las cosas parecieran normales a los ojos de los hombres, pero no pudo despojarse de su propia conciencia. El pecado es un fraude, su placer tiene sabor de azufre. Él perdió la paz, la alegría se fue de su corazón. Gemidos angustiantes ocuparon el lugar de los cantos de victoria. La mano de Dios pesaba día y noche sobre él. Su vigor se volvió en sequedad desértica. Su carne temblaba y sus huesos ardían de fiebre. Las lágrimas se volvieron su alimento. Hasta el día en el que Dios envió al palacio al profeta Natán. Este, por medio de una parábola, desvendó el corazón de David y estampó desnuda su alma. Natán le dijo: *Tu eres aquel hombre* (2 S 12:7). David entonces se humilló, se arrepintió y confesó su pecado (Sal 32, 38, 51). Entonces, Dios le perdonó, devolviéndole la alegría de la salvación y le restauró el alma.

David, un papá que no lucha por sus hijos después de ser rey

David tuvo muchos hijos. Los amaba y hasta aun los colocaba en los lugares estratégicos de su gobierno (2 S 8:18). Pero, después de esa experiencia de pecado, parece que perdió la autoridad sobre ellos. No lo vemos confrontando más a los hijos (2 S 18:5). David sufría por cada uno, pero no conversaba más con ellos.

David se volvió un hombre tan ocupado que no tenía más tiempo para los hijos. Ellos tenían poder y riquezas, pero no la presencia del papá. Situaciones dolorosas sucedieron en la familia y el rey no dedicó la misma energía y la misma vivacidad para resolverlas. Es posible que su vergonzoso pecado con Betsabé haya minado su autoridad y él se haya sentido descalificado para corregir a sus hijos. Algunos puntos deben ser destacados:

David no cuidó de las amistades de sus hijos. Los hijos de David ocupaban el primer escalón de su gobierno, tenían prestigio y poder, pero no eran amigos. Crecieron en cuna de oro, pero no tenían actitudes nobles. Había distorsiones profundas en la relación de los hijos del rey y David no se dio cuenta ni interfirió para resolver esas tensiones. Amnón sintió una pasión enfermiza por Tamar, su hermana. Absalón odió a Amnón al punto de tramar y consumar su asesinato. Esos conflictos son la consecuencia, pero la causa fue el descuido de David en no sembrar en el corazón de sus hijos la semilla de la amistad.

David no consoló a su hija ante el abuso impuesto por su hermano. Amnón nutrió un sentimiento patológico en el corazón con respecto a su hermana Tamar y se apasionó perdidamente por ella. Su pasión fue tan intensa que se enfermó. Ellos eran hermanos de parte de papá. Amnón se consumía visiblemente, guardando ese sentimiento secreto en el corazón. Un día, Jonadab notó que Amnón estaba abatido, consumido por una tristeza profunda. Amnón le abrió el corazón y le descubrió sus sentimientos más secretos. Jonadab le dio un consejo perverso. Le recomendó que fingiera estar enfermo. Tamar debería visitarlo y, en esa visita, quedaría a solas con él. En ese momento, él debería agarrarla, forzarla y poseerla. Amnón siguió fielmente ese consejo maligno. Después de violar a su hermana, sintió por ella una gran repugnancia y la echó de su casa. Tamar se sintió descartada como un trapo sucio. Salió humillada y agredida tanto en el cuerpo como en el alma. David tuvo conocimiento de esa tragedia, pero no llamó Tamar para consolarla. Tamar buscó abrigo en Absalón, su hermano, y no en David, su papá que se equivocó no por lo que hizo, sino por lo que dejo de hacer. Él debería haber llamado a Tamar para consolarla. Su hija necesitaba de apoyo, consuelo, estímulo y soporte emocional. Y ese consuelo fue mal dirigido, porque Absalón, en vez de tratar del asunto de manera adecuada, nutrió amargura en el corazón por su hermano al punto de decidir matarlo.

David no corrigió al hijo por su locura. David no solamente falló al no consolar a Tamar, sino que también falló al no corregir y disciplinar Amnón por su actitud perversa y ensandecida. Ese joven cometió una locura en Israel: planeó un crimen, atrajo la víctima, alistó el ambiente para que no hubiera la posibilidad de defensa. Tamar intentó persuadirlo de su locura, pero él la sometió, la violó, la humilló y después la echó. Ante una falta tan grave, Amnón debería haber sido exhortado, disciplinado y corregido con gran rigor. Quizás David tratando correctamente del asunto, hubiera impedido que otra tragedia sucediera, el asesinato del propio Amnón. La omisión del rey resultó en otra atrocidad dentro de su propia casa.

David no actuó preventivamente para evitar otra tragedia. La animosidad instalada entre Absalón, hermano de Tamar, y Amnón se volvió conocida de todos. Lo que se oía decir en Israel era que el semblante de Absalón no le era favorable a Amnón. El odio represado en su corazón anunciaba un torrente caudaloso de venganza contra este. David no intento saber del corazón de Absalón lo que todos ya se daban cuenta. Talvez por estar lejos, distante y distraído con otras cosas. Absalón, antes de cometer la locura del asesinato de Amnón, le dio indicios a David. Promovió una fiesta y fue al palacio a invitar a su papá. David dio las disculpas posibles y diplomáticas propios de quien los encuentros familiares dejaron de ser prioridad. Fue solicitado al rey que personalmente se comprometiera a enviar a Amnón a ese banquete. David perdió la oportunidad de confrontar a Absalón sobre sus sentimientos. Prefirió la comodidad de la omisión a la incomodidad de la confrontación. El rey se calló cuando debería haber hablado. Su omisión abrió grandes brechas para el propósito perverso de Absalón. Amnón, que había actuado traicioneramente con su hermana y también con exceso de crueldad, ahora cae en la trampa y se vuelve víctima de la traición de Absalón. La muerte de Amnón fue la suma de la crueldad de Absalón y de la omisión de David.

David no se dispuso para el perdón. La ira de David se prendió contra Absalón cuando supo que Amnón había sido asesinado en una emboscada. El mismo Jonadab, que había empujado a Amnón al abismo, induciéndolo a violar a su hermana, le daba en aquel momento a David la noticia fatal que el joven había sido asesinado. El mismo papá que no había tomado ninguna medida para disciplinar a Amnón o consolar a Tamar, ahora deseaba vengarse de Absalón quién tuvo que huir de Israel y buscar asilo político lejos de su patria. Dos años pasaron y David no caminó en dirección al perdón de su hijo. Él se cerró al dialogo, a la confrontación y a la reconciliación. Fue necesario que el general Jonadab interfiriera en el caso para que permitiera el regreso de Absalón a Jerusalén.

David no se dispuso para el dialogo. Él permitió el regreso de Absalón a Jerusalén, pero impidió que el hijo viera su rostro. Aún mantenía las relaciones rotas con su hijo. O sea, usó medidas incompletas, una solución apenas de contención. En vez de aprovechar el momento para conversar con su hijo, para confrontar su actitud, para restaurar la relación, este

Un papá que luchó por sus hijos y después los perdió

papá abrió más la herida en una relación ya traumatizada. Pasaron dos años y el rey no hizo nada para reanudar la comunión con su hijo. Llego el día en que el muchacho mandó una razón, diciendo que prefería que su papá lo matase a continuar manteniendo el silencio. Absalón se sentía sofocado, pidiendo socorro y David, como una piedra se mantenía absolutamente insensible. La falta de diálogo cava abismos, abre heridas y levanta muros de separación. David recibió a Absalón en el palacio, le dio un beso en la cara, pero no le habló. Su silencio helado fue sentido como una bofetada en la cara del muchacho. Habían pasado cinco años, muchas amarguras y heridas estaban escondidas en el corazón de los dos y ninguna palabra pronunciada, ninguna confrontación realizada, ningún perdón enseñado.

David subestimó el poder de la amargura. Subestimó el poder de la amargura en el corazón de Absalón. La actitud de endurecimiento del padre desencadenó una rebelión incontenida en el corazón del hijo. El muchacho ahora ya no pretendía conquistar el corazón del papá, sino hurtar el corazón del pueblo. Su propósito ya no era ser aceptado por el papá, sino tomar su lugar. Absalón empieza un proyecto de conspiración contra el rey. En tres años, consiguió un ejército, sobornó un grupo y se declaró rey. Guiando hombres armados, se dirigió a Jerusalén con la finalidad de matar a su padre y quitarle el trono. David tuvo que huir, por la noche, de su palacio y se escondió de su propio hijo. Absalón abusó de las concubinas de su padre en plena luz del día. David tuvo que usar estrategias militares más sofisticadas para librarse de las manos de él. El mismo hijo, que lloraba para ser atendido y recibido por el padre, ahora se encontraba enfurecido deseando matarle. El anhelo por el perdón se volvió una furia asesina.

David lloró demasiado tarde. En esa pelea fatídica, Absalón fue asesinado por Joab, comandante de las tropas del rey. Esa victoria tuvo sabor amargo para David. El enemigo eliminado era sangre de su sangre y carne de su carne. El hijo que murió era el hijo que quería su perdón. Al recibir la noticia de la muerte de Absalón, él lloró amargamente y dijo: *Mi hijo Absalón, Absalón mi hijo.* Pero era demasiado tarde. Las lágrimas del arrepentimiento deberían haber sido derramadas antes para no estar llorando ahora las de remordimiento. A pesar de amar al hijo, nunca le dijo eso. David expresó su amor demasiado tarde, cuando el muchacho ya no podía oír más su voz, sentir su abrazo ni siquiera su llanto. El tiempo de perdonar es ahora. ¡El tiempo de caminar en dirección de la reconciliación es hoy!

David quiso siempre agradar. La Biblia nos dice que David nunca contrarió al hijo Adonías (1 R 1:6). Tal vez se sintiera sin autoridad espiritual en virtud de su historia con Betsabé. Tal vez no tuviera disponibilidad para estar con sus hijos y, por eso, no quería avergonzarlos en el poco tiempo que le restaba. Quizás los amaba tanto que no conseguía ver los errores que cometían. Quizás David era un padre bonachón que dejaba la cuerda correr floja.

Pero, el papel de los papás no es agradar a los hijos, sino criarlos con responsabilidad. No darles lo que quieren, sino lo que necesitan. No es enseñarles el camino en el que quieren andar ni solo el camino que deben andar, sino enseñarlos en el camino que deben andar. David fue un rey de grandes cualidades, y un papá de pocas virtudes. Él tuvo esplendidas victorias en su reinado, pero tremendas derrotas en su hogar.

Capítulo cinco

Papás e hijos vueltos los unos a los otros

El evangelio empieza en el hogar. Si el evangelio no actúa en el hogar, no funcionará en ningún lugar. La más bella expresión del evangelio es el hogar feliz, en el cual los papás entienden y tienen tiempo para sus hijos y estos, cercados de amor, crecen en el conocimiento de Cristo.

La trasformación del pueblo de Dios tiene que empezar en la familia. No hay iglesias fuertes sin hogares fuertes. Volver a Dios implica la restauración de las relaciones familiares.

El último libro del Antiguo Testamento, Malaquías, termina su profecía hablando de la conversión de los padres a los hijos y de la conversión de los hijos a los padres (Ml 4:6). La condición dada por Dios para la suspensión de la maldición sobre la tierra era exactamente esa conversión reciproca de corazones dentro del hogar.

Padres vueltos a sus hijos

Inicialmente, tenemos que identificar algunas características de los padres convertidos a los hijos.

Son papás que dan más valor a los hijos que a las cosas materiales. Estamos viviendo una inversión de valores en nuestra sociedad. Nos olvidamos de Dios, amamos las cosas y usamos a las personas, cuando deberíamos adorar a Dios, amar a las personas y usar las cosas. Hay papás que corren atrás de bienes materiales y se olvidan de los hijos. Remplazan la relación familiar por conquistas financieras. Cuanto más suben en la escala financiera, menos tiempo tienen para sus hijos. Muchos hombres llegan a la cima del éxito y fracasan dentro del hogar. Alcanzan triunfos esplendidos en la vida profesional y pierden a sus hijos. Los hijos no necesitan tanto de regalos, sino de presencia. Nuestra herencia no es el dinero, ni la casa, ni carros o bienes, sino los son hijos (Sal 127:3). Ningún éxito compensa el fracaso de la relación familiar.

Una vez leí sobre un niño que le pedía todas las noches al papá jugar juntos, y ayudarlo a armar su rompecabezas. El papá siempre daba una disculpa y se lo eludía para realizar sus quehaceres de adulto. Un día, el niño sufrió un grave accidente y, en el lecho de muerte, antes de sucumbir a las heridas, susurró:

"Papá, no me ayudaste a armar el rompecabezas". Ese papá afligido y perturbado dijo que daría todo para volver al pasado y empezar todo de nuevo en su relación con el niño. Pero era demasiado tarde.

Son padres que enseñan a sus hijos en el camino en que deben andar. Hay una crisis de integridad abrumadora alcanzando la familia. Nuestro mundo está confuso, perdido y entregado a las filosofías humanistas. Los marcos que delimitan los absolutos morales están siendo arrancados. Los padres están confundidos y los jóvenes perdidos en la telaraña de la cultura que promueve los excesos, escarnece de la virtud y empuja a los incautos al hueco común de la mediocridad. Los padres están perdiendo el control de los hijos. No saben más para dónde van, qué hacen, con quién andan y a qué horas llegan a la casa. Muchos jóvenes duermen con las novias dentro de la casa de los padres y con el consentimiento de ellos. Muchos jóvenes pasan las noches en discotecas, bajo el efecto de música alucinante de agitaciones por alcohol y drogas que son nocivas para la salud física, mental y espiritual. Antes de la llamada "ley seca", se multiplicaban los accidentes de carro provocados por personas alcoholizadas. Es alarmante el número de jóvenes que se pierden en una vida de bohemia, entregándose a las drogas.

Tenemos que hacer una gran cruzada a favor de la familia. Desesperadamente tenemos que dar un choque ético en nuestros países, que pase por las familia. La figura más importante en ese proceso es la figura del papá. Él hombre fue constituido por Dios como cabeza de la familia. Él tiene que volver a ocupar su puesto de honra. Debe ser el líder espiritual de la familia. El papá a su vez, es el sacerdote del hogar. Su autoridad debe ser adquirida por el ejemplo y no impuesta por la fuerza. Vuelvo y repito: el papá debe enseñar a los hijos no "el camino que quieren andar" ni apenas "el camino en el que deben andar", sino "en el camino en que deben andar" (Pr 22:6).

Los hijos necesitan modelos y no discursos, ejemplos y no palabras, paradigmas y no imposiciones. Es de sabiduría popular que un ejemplo vale más que mil palabras. Un dicho chino dice que cogemos más moscas con una gota de miel que con un barril de hiel.

Son papás que aman a sus hijos incondicionalmente. Muchos papás se aman a sí mismos y no a sus hijos. Aman el éxito de los hijos y no los aman a ellos. Hay aquellos que ven en los hijos apenas un trofeo de su propia vanidad. Es necesario amar los hijos de manera incondicional, amarlos aun cuando tropiezan y caen, aun cuando fracasan, o no corresponden a las expectativas paternas. Sin embargo, amar sin condiciones, no es un amor irresponsable, sino un amor sacrificial. El hijo prodigo había desperdiciado los bienes de su padre y vivido de manera irresponsable. En lo hondo del hueco, o mejor, en un chiquero nauseabundo, volvió en sí y resolvió volver a la casa del papá. Sabía que no merecía el *status* de hijo. Quería apenas ser un jornalero. Sin embargo, su papá lo recibió con honores. Ni siquiera le permitió terminar el discurso de disculpas. Lo abrazó, lo besó, lo vistió con la mejor ropa, le colocó sandalias en los pies y un anillo en el dedo. Mató un animal y empezó a festejar. Ese es el amor sin condición. De la misma manera es el amor de Dios por nosotros. Dios nos amó cuando éramos pecadores, cuando éramos sus enemigos. Nos buscó cuando no le buscábamos. Nos amó al punto de darnos a Su hijo, Su único hijo, para que muriera en nuestro lugar.

Son papás que tienen un canal de comunicación abierto con sus hijos. La comunicación es el oxígeno de la familia. Sin comunicación, reina la muerte – no la vida – en la familia (Pr 18:21). El divorcio sucede porque sucedió antes la muerte del dialogo. Hay cónyuges divorciados y padres divorciados de sus hijos. El dialogo está muriendo dentro de la familia. En el siglo de la comunicación virtual, estamos retrocediendo al tiempo de las cavernas en la comunicación real. Hay personas que se quedan dos horas en una conversación virtual, pero no consiguen pasar cinco minutos en una conversación real. Nos volvemos especialistas en la intención con las máquinas y sin juego de cintura en las relaciones interpersonales. Estamos más abiertos a relacionarnos con extraños que con miembros de nuestra familia. Muchos hijos tienen miedo de conversar con los padres o ya perdieron completamente el estímulo. Hay aquellos que no son amigos de los padres, no tienen placer en pasar tiempo juntos ni aun conversan con ellos, ven a los papás apenas como proveedores y no como orientadores. Cuando eran niños, lloraban para que estuviera a su lado; ahora, los padres lloran para que se queden con ellos. En la infancia, los papás no construyeron los puentes necesarios de comunicación, por eso ahora viven aislados en una isla de soledad mientras los hijos viven en el continente, con ventanas abiertas para el mundo y con el corazón cerrado para los papás.

Son papás que perdonan a sus hijos. No existen papás ni hijos perfectos. No existen cónyuges ni matrimonios perfectos. Hay fallas en la familia. Nosotros decepcionamos a las personas y ellas nos decepcionan. No hay relaciones saludables sin el ejercicio del perdón. Sin embargo, hay papás, que son muy duros con los hijos, tratándolos con rigidez e insensibilidad. Siempre están exigiendo, pero nunca elogian; siempre están disciplinando, pero nunca dan cariño; siempre apuntando los errores, pero nunca destacando los logros. Hijos que crecen en un clima de violencia verbal y crueldad en las actitudes serán inseguros y rebeldes; obedecen a los padres no por respeto, sino por temor. Esos papás ejercen una autoridad impuesta, no una autoridad adquirida. Los hijos fallan, algunas veces deliberadamente; otras, inadvertidamente. En ambas circunstancias, es necesario perdonar. El perdón no es complacencia ni alcahuetería con el error. No es una carta abierta para la desobediencia ni un cheque en blanco para la irresponsabilidad. El perdón tiene como propósito restaurar al culpable y darle la oportunidad de empezar de nuevo una nueva caminata y escribir nuevamente la historia. El perdón restaura al culpable y cura las heridas provocadas por la amargura. Rompe las cadenas de la esclavitud, hace una limpieza en la mente, una desinfección en el alma y una sanidad en los recuerdos. El perdón hace libre a la personas. La relación de Absalón con su padre terminó en tragedia porque David falló en perdonarlo. Donde el perdón es negado, la amargura reina; donde está ausente, la conspiración se hace presente; donde no se ofrece vida, la muerte se instala.

Hijos convertidos a sus papás

Los padres deben inclinarse hacia sus hijos y los hijos deben inclinarse hacia los padres; ambos deben estar convertidos unos a otros. Destacaremos algunos aspectos de esa conversión.

Son hijos que obedecen a los papás en el temor del Señor. Los papás son la autoridad delegada por Dios. Por eso, desobedecer a los padres es rebelarse contra el propio Dios. Los hijos deben obedecerlos como consecuencia de su propia obediencia a Dios. La rebeldía era un pecado castigado con muerte en el antiguo pacto, era considerado como pecado de hechicería. Hijos desobedientes eran la vergüenza del papá y la tristeza de la mamá. El quinto mandamiento del decálogo también es el primer mandamiento con promesa y en este precepto Dios ordena: *Honra a tu padre y a tu madre, para que tus días se alarguen en la tierra que Jehová tu Dios te da* (Éx 20:12). El apóstol Pablo, escribiendo a los efesios, interpreta ese mandamiento y añade:

> *Hijos, obedeced en el Señor a vuestros padres, porque esto es justo. Honra a tu padre y a tu madre, que es el primer mandamiento con promesa; para que te vaya bien, y seas de larga vida sobre la tierra* (Ef 6:1-3).

Son hijos que honran a sus padres. Una cosa es obedecer, otra es honrar. Honrar es enaltecer, exaltar, hablar bien. Es posible obedecer sin honrar. Un chofer puede obedecer al policía de tránsito sin honrarlo. Un empleado puede obedecer al patrón y, al mismo tiempo, burlarse de él en el corazón. Un prisionero puede obedecer a las leyes de la prisión sin honrar las personas que hicieron o fiscalizan esas leyes. Honrar a los papás es hacer todo para la alegría de ellos. Es obedecer no solamente bajo vigilancia, sino por principios; no apenas obedecer, sino hacerlo con gusto y de todo corazón. Una cosa es oír un "no" de los papás y entrar en el cuarto rabiando, otra cosa es oír un "no" y acatarlo con humildad y sujeción. Honrar a los papás es saber que ellos desean lo mejor para sus hijos. Es tener conciencia de que, aunque su voluntad entre en conflicto con la orientación paterna, es mejor obedecerlos. Los hijos que honran a los papás se guardan a sí mismos de muchos sufrimientos, de muchas lágrimas y de muchas pérdidas.

Son hijos agradecidos con los papás. La ingratitud es una actitud deshumana. Muchos papás se sacrifican por los hijos, dándoles su vida, salud, sangre, sudor, lágrimas y después los hijos impiadosamente, se olvidan de los papás, sin tener en cuenta toda la inversión que hicieron. Los hijos tienen que ser agradecidos, tienen que demostrar gratitud por medio de palabras, gestos y actitudes. Nada hiere más que unos hijos ingratos, que no valoran el esfuerzo, inversión y sacrificio. Hemos visto muchos hijos rechazando y despreciando a sus papás en la vejez. Hijos agrediéndolos con palabras y tratándolos con mucha agresividad. Hay aquellos que llegan al punto de abandonarlos en un asilo, considerándolos apenas como exceso de equipaje que debe ser dejado a la orilla del camino. Hijos que están más interesados en la herencia o peleando por causa del dinero paterno, y no cuidándolos. Hijos con más interés en la muerte de los papás que en la vida de ellos. Hijos convertidos a los papás saben honrarlos y son agradecidos con ellos.

Son hijos que cuidan a a los padres ó a sus papás. La vejez es una realidad innegable, que no puede ser disimulada y es incontenible. La población del mundo está envejeciendo rápidamente. Dentro de una generación que le rinde culto al cuerpo, la belleza y el poder, vemos la carrera apresurada de la población camino a la tercera edad. Cada hilo de cabello blanco que aparece en nuestras cabezas es la muerte que nos llama a un duelo. El tiempo va esculpiendo en nuestra cara arrugas profundas. En la medida que el tiempo avanza, nuestras piernas van quedando débiles, nuestras rodillas cansadas, nuestros músculos flácidos, nuestras manos acabadas y nuestros ojos nublados. Muchos padres, cuando llegan a la vejez, son vistos por los hijos como estorbos, y son despreciados cuando más necesitan de ellos. Muchos, en la vejez, quedan aislados de los hijos y nietos, viviendo en el más doloroso exilio. Muchos de ellos pasan la vejez en la más amarga soledad. Hijos vueltos a sus padres cuidan de ellos, sobretodo en la vejez.

Capítulo seis

PAPÁS QUE INVIERTEN EN LA VIDA DE LOS HIJOS

Los salmos 127 y 128 son dos perlas preciosas que tratan y describen cuatro etapas de la familia: la primera habla de los años primaverales del matrimonio (Sal 127:1,2), el cual debe ser edificado en el Señor. Cualquier otro fundamento es frágil y no soporta las tempestades que se avecinan sobre un hogar. Dios instituyó el matrimonio y él mismo debe ser el fundamento, el edificador, el protector y el galardonador de la casa. La segunda es aquel en el que los hijos nacen (Sal 127:3-5). En esa etapa, los hijos son herencia del Señor y flechas en las manos del valiente, son dadivas de Dios y bendición para los papás. La tercera describe la familia reunida alrededor de la mesa (Sal 128:1-3). Ahora los hijos están grandes y la familia unida. La mamá trae belleza y vida, pues es como un olivo. Los hijos están juntos y hay dialogo y comunión. Ellos se reúnen para celebrar las cosas simples de la vida como tomar una comida. La última etapa es la de los nietos (Sal 128:4,6). Ahora, una nueva generación aparece. Ese hogar continua unido y la nación es bendecida con la influencia de esa casa tan preciosa. Esos dos salmos apuntan algunas lecciones preciosas.

La familia debe estar edificada en Dios

Dios es el idealizador de la familia. Y pre-existe al Estado y a la Iglesia. Nació del corazón de Dios y solamente puede crecer sólida y estable levantada sobre ese fundamento. La necesidad más grande de los hogares no es más dinero, comodidad o placer, sino la presencia de Dios. Un hogar sobre el cual Dios reina, aunque privado de bienes materiales disfruta de lo más importante.

El salmista fue claro: *Si Jehová no edificare la casa, En vano trabajan los que la edifican* (Sal 127:1). Los jóvenes tienen que ser más criteriosos en el noviazgo, recordando que su matrimonio tiene que ser hecho en el Señor y que un matrimonio mixto resulta en un hogar dividido. Cuando la Palabra de Dios deja de ser la brújula, la navegación por los mares tempestuosos de la vida se vuelve más peligrosa. Muchos matrimonios sucumben porque no hubo discernimiento espiritual en el noviazgo. La Biblia dice que dos personas no pueden andar juntas si no hay entre ellas acuerdo (Am 3:3) y también dice que no puede haber comunión entre luz y tinieblas (2 Co 6:14-16) un matrimonio plenamente feliz entre aquellos que profesan el nombre de Cristo y aquellos que niegan su nombre. El matrimonio tiene que ser como un cordón de tres dobleces, o sea, la unión no solamente del hombre y de la mujer, sino de la unión del hombre y de la mujer hecha por el Señor (Ec 4:12).

La familia debe dar prioridad a los valores espirituales

El salmista dice que *Por demás es que os levantéis de madrugada, y vayáis tarde a reposar* (Sal 127:2). Hay muchas familias que están destruyéndose porque remplazaron la relación por cosas materiales. Hay muchos papás sacrifican la propia familia en el altar de la ganancia. Construyen torres y fortalezas económicas y sepultan allí el matrimonio y los propios hijos.

Vivimos un tiempo en el cual las personas solamente se preocupan con las cosas terrenales (Flp 3:19). El dinero dejó de ser una moneda para constituirse un ídolo. El dinero es el dios de esta generación materialista y consumista. Muchas personas se casan y se divorcian por dinero, otras corrompen y son corrompidas por causa de la ganancia fácil, otras trabajan honestamente, pero viven extremamente ansiosas y afligidas pensando en el día de mañana. El salmista dice que debemos trabajar, pero también que debemos descansar en la providencia divina. Si invirtiéramos más de nuestro tiempo para cuidar de las cosas del Señor, veríamos con más alegría al Señor cuidando de nuestras cosas. Cuando buscamos su Reino en primer lugar, el propio Dios suple nuestras necesidades (Mt 6:33). La Biblia dice que del Señor viene la fuerza para adquirir riquezas. Recuerde: la bendición del Señor enriquece y con ella no hay sinsabor.

El dinero no puede ser un fin en sí mismo, pero apenas un medio para suplir nuestras necesidades. Debemos usar el dinero para sostener nuestra familia y socorrer a los hermanos en la fe. También debemos usarlo para ayudar a nuestro prójimo y, hasta aun, nuestro enemigo. El dinero no debe ser acumulado de manera egoísta, sino repartido con generosidad. La semilla que multiplica no es la que comemos, sino la que sembramos. El dinero es una semilla; cuando la ofrendamos con generosidad, cosechamos con abundancia. El propio Dios multiplica nuestra siembra y nos da más semillas para que continuemos sembrando en otros campos.

El trabajo no puede tomar el lugar de Dios en nuestra vida

El salmista nos exhorta sobre la dedicación exagerada en el trabajo al punto de no tener tiempo para Dios ni para la familia. El trabajo puede volverse un vicio en nuestra vida. Podemos transformar una bendición en un ídolo, algo bueno y honrado en un instrumento de peligro para nuestra propia alma. El trabajo es bueno y dignifica el hombre. Fue Dios quien instituyó el trabajo, pero él no puede remplazar nuestra relación con Dios y con la familia.

Ningún éxito compensa nuestro fracaso espiritual o el fracaso en nuestra familia. El tesoro más grande que poseemos no es el dinero, ni aun el éxito profesional, sino nuestro hogar. Nada podemos llevarnos de esta vida. Cuando John Rockefeller, el primer billonario del mundo, murió, algunas personas en el funeral le preguntaron al contador: "¿Cuánto dejó doctor Rockefeller?" Él respondió: "Él dejó todo. No se llevó ni un centavo". Ni siquiera un centavo podemos tener en nuestras manos en la travesía de esta vida para la eternidad. Pero debemos llevar nuestra familia con nosotros. Debemos luchar bravamente por la salvación de nuestra familia.

Nuestros hijos son regalos de Dios y nuestra riqueza más grande

El salmista dice: *Herencia de Jehová son los hijos, el fruto del vientre su galardón.* Nuestra herencia no son los bienes materiales, sino los hijos. No son casas, apartamentos y carros, sino lo son los hijos. Ningún hombre o mujer se ha vuelto más feliz porque, en vez de un apartamento, pasó a tener dos o tres inmuebles. Pero con seguridad, ninguna pareja puede vivir feliz perdiendo los hijos. Es mejor vivir en una casa pobre y tener una familia unida que vivir dentro de un palacio en guerra constante. Es mejor comer un plato de hortalizas donde hay amor que llenarse con banquetes donde hay contiendas.

Los hijos son regalos de Dios. Son nuestra verdadera herencia. Debemos invertir en ellos más que en la bolsa de valores. Debemos dedicarnos más a su crianza y formación moral y espiritual que en consagrarnos al trabajo. Ningún empleo, ninguna empresa, nada es más importante que sus hijos. Ningún éxito profesional compensa la falta de inversión en ellos. Sus niños son su verdadero tesoro, su verdadera riqueza, su placer más grande y delicia.

El salmista dice que, más allá de ser herencia de Dios, los hijos también son su galardón, o sea, una recompensa gloriosa. Aquellos que sirven a Dios con fidelidad, además de la salvación, recibirán galardones. Los hijos son considerados una bendición extra, la expresión generosa de la recompensa de Dios a los padres.

Los hijos son instrumentos de bendición en la vida de los padres

El salmista continúa en su discurso y dice: *Como saetas en la mano del valiente, así son los hijos habidos en la juventud. Bienaventurado el hombre que llenó su aljaba de ellos.* Tres sublimes verdades deben ser destacadas aquí.

Papás que invierten en la vida de los hijos

Los papás deben dar soporte a los hijos. Como ya vimos, el valiente carga las saetas en la espalda antes de usarlas en las manos. De la misma manera, los papás cargan los hijos en el corazón, en el vientre, en los brazos, en los hombros, en el bolsillo. Los papás atesoran para los hijos. Aquellos que dejan de cuidar a sus hijos se vuelven peores que los incrédulos. Los hijos necesitan toda clase de sustento: espiritual, emocional, psicológico, moral y financiero. Los papás deben apoyarlos y estimularlos, deben ayudarlos en vida y no apenas dejarles una herencia después de la muerte. Dejar una herencia para los hijos después de la muerte es ley; ayudar a los hijos en vida es amor.

Los papás deben preparar los hijos para la vida. Hay momentos en que dejarlos por si mismos sería una irresponsabilidad. No preparamos nuestros hijos para nosotros mismos. Antes deben ser preparados para la vida. Mantenerlos en el nido, después de grandes, es quitarles la preparación para que enfrenten los desafíos de la vida. Los papás deben actuar como el águila que, en el momento cierto, sacude a los hijos y los lanza del nido, empujándolos a los desafíos de la vida.

Los papás deben lanzar a sus hijos hacia los objetivos correctos. Un valiente no desperdicia sus flechas. Él las lanza a lo lejos, pero hacia un objetivo correcto. De la misma manera deben ser criados los hijos, con objetivos correctos en la disciplina y amonestación del Señor, enseñados en el camino que deben andar.

Los papás deben amar a Dios, e inculcar en los hijos ese mismo amor, deben criar los hijos para la gloria de Dios, para realizar los proyectos de Dios. Nuestros hijos deben ser reparadores de brechas, instrumentos de bendición en las manos del Altísimo. Ellos no son trofeos de nuestra vanidad, sino vasos de honra en las manos del Señor para hacer su voluntad.

La familia debe disfrutar de las bendiciones que vienen de Dios

El salmista continúa su análisis y dice que *Bienaventurado todo aquel que teme a Jehová, Que anda en sus caminos. Cuando comieres el trabajo de tus manos, Bienaventurado serás, y te irá bien* (Sal 128:1,2). El temor de Jehová libra al hombre del pecado, protege sus pies de la caída, lo saca de lugares resbalosos y de trampas infernales. El temor de Jehová apresura nuestros pies para huir de la tentación, impide que nuestros ojos contemplen el mal y blinda nuestro corazón para no codiciar el pecado. El temor de Jehová libra la familia de sentarse en la silla de los escarnecedores, libra al hombre de colocar ante sus ojos cosas indecentes, libra a la mujer de gastar tiempo con futilidades, libra los jóvenes de noviazgos permisivos, libra la familia de ganancias deshonestas. El temor de Jehová nos prepara para el banquete de la felicidad.

Aquellos que pierden el temor de Jehová codician los banquetes de la alegría, pero venden el alma al diablo. Aquellos que pierden el temor de Jehová callan la voz de la conciencia para obtener ganancias deshonestas y placeres ilícitos. Pero, al final, esos banquetes se transforman en lamentos amargos y el perfume de la alegría pasa a tener el olor de azufre. Pero cuando vivimos en la presencia de Dios, podemos vivir tranquilamente disfrutando las bendiciones que emanan del propio Dios. Entonces comemos, no el pan robado, sino el pan ofrecido por Dios. Entonces disfrutamos no de las cosas que saqueamos ilícitamente de los demás, sino del fruto de la gracia del propio Dios. La Biblia dice que *unos se dicen ricos sin nada tener; otros se dicen pobres, siendo muy ricos* (Pr 13:7 – traducción libre). ¡Es mejor ser un pobre rico que un rico pobre!

La familia alrededor de la mesa, el banquete de la felicidad

La felicidad no es un lugar al cual se llega, sino la manera como se camina. La felicidad no está en las cosas, sino en las actitudes. La felicidad no está en el tener, sino en el ser. John Rockefeller dijo una vez, que la persona más pobre que conocía era la que solamente tenía dinero.

El salmista también habla de la esposa como un olivo y de los hijos como ramas del olivo alrededor de la mesa (Sal 128:3). Ese cuadro es magnífico. La mujer sabia edifica su casa, es consejera y amiga de los hijos.

La mamá tiene un papel fundamental en la unidad de la familia, ella tiene el poder de agregar toda la familia. Es el eslabón que une y estrecha los miembros de la familia. Todos los hijos están reunidos. No hay disputa ni celos entre ellos. Todos son tratados de la misma manera. Todos son amados de igual manera. Todos participan del mismo banquete de la alegría.

Necesitamos desesperadamente de hogares unidos. Las familias están viviendo separadas dentro de casa. Los hijos se refugian en sus cuartos y hay familias que hasta se comunican dentro de la casa por celular. Hay personas que pasan horas y horas en conversaciones virtuales, pero no consiguen conversar cinco minutos dentro de la casa. Estamos creando familias solitarias. La casa se está transformando en un albergue.

La vida pos-moderna está quitándonos la bendición de la comunión familiar. Cada miembro de la familia tiene su agenda, su horario, sus compromisos. Perdimos el rumbo. No sabemos más cómo rescatar esa comunión. Tenemos tiempo para todo, menos para la familia. Estamos sacrificando en el altar de lo urgente aquello que es de verdad importante. Es necesario recordar que nada es más importante que vivir unidos en familia, celebrando el banquete de la alegría, con gratitud y alabanza a Dios, disfrutando de las generosas bendiciones de su gracia.

La familia es la cuna de la renovación de la esperanza

El salmo 128 termina diciendo que veremos los hijos de nuestros hijos. Mientras una generación envejece, otra aparece. Mientras unos caminan para el ocaso de la existencia, otros surgen en el horizonte. Mientras unos caen en el frente de batalla, otros se levantan como soldados. Los nietos dan ánimo de vida a los abuelos y prenden en sus almas la llama de la esperanza. Los nietos extienden su mirada hacia el futuro y por eso saben que Dios continuará escribiendo por medio de su familia.

El milagro de la vida no termina en el hogar. Al mismo tiempo, tenemos personas a quienes se les ponen blancos los cabellos y personas que empieza la vida. Gente llorando el dolor del luto y gente celebrando la fiesta de la vida. Al mismo tiempo en que unos quedan con los ojos borrosos, con las piernas débiles, con las rodillas frágiles y las manos acabadas, otros se afirman como robles siguiendo la jornada. Mientras algunos valientes desocupan sus aljabas, otros las están llenando de setas. ¡Bendito milagro de la vida que se renueva día a día en la familia!

La familia tiene que ser una bendición para la nación

El salmista dice que nuestros hijos y nuestros nietos tienen que contribuir a la paz de la nación. La familia es despensa del país. Es de ese lugar fértil que salen su verdaderos héroes. Es de ese laboratorio bendito que proceden aquellos que serán remedio de Dios para curar las heridas de la nación. Es de ese santuario que se levantaran los profetas de Dios para hacer sonar la voz de la esperanza.

La familia es el patrimonio más grande de la nación. Una familia plantada en Dios, edificada en la Palabra, unida por el cemento del amor es el regalo más grande que podemos darle a nuestro país. Cuando entregamos nuestros hijos a la sociedad como hombres y mujeres de bien, estamos ofreciendo una contribución valiosa para la promoción de la paz y del progreso del mundo.

Capítulo siete

Un ejemplo de papá

En este capítulo examinaremos el texto de 1 Corintios 4:14-21 y destacaremos siete atributos de un papá ejemplar. Obviamente, el texto aborda el asunto en la perspectiva de la paternidad espiritual. Sin embargo, es perfectamente razonable hacer una aplicación legítima y oportuna para la relación entre padres e hijos.

El apóstol Pablo, después de exhortar firmemente la iglesia de Corinto, mostrando su inmadurez espiritual, le aplica el bálsamo del consuelo y la terapia del estímulo. En su primer carta a los Corintios, Pablo trata los miembros de la iglesia como a hijos amados y se presenta a ellos como papá ejemplar. Ahora veamos los atributos de un papá ejemplar.

El papá es aquel que engendra

El apóstol escribe:

> *Porque aunque tengáis diez mil ayos en Cristo, no tendréis muchos padres; pues en Cristo Jesús yo os engendré por medio del evangelio* (1 Co 4:15).

La palabra "ayos" aquí es *paidagogos*. Es el esclavo que tenía la responsabilidad de cuidar de un niño y conducirlo al colegio. No era un profesor, sino aquel que llevaba el hijo al colegio y lo dejaba a los pies del maestro. Y Pablo dice: "Ustedes pueden tener muchos que llevan la instrucción hasta ustedes o los llevan a la instrucción, pero sólo tienen un papá. Nuestra relación es estrecha, sentimental, familiar e íntima. Es una relación de corazón y de alma. ¡Yo soy el papá de ustedes! ¡Yo los engendré a ustedes!"

Aquí destacamos dos puntos: el primero se refiere a aquellos padres que engendran hijos pero no los cuidan. Esos hombres actúan como meros reproductores. No basta ser un papá biológico. No basta generar hijos. Un papá ejemplar es aquel que ama lo que es engendrado de él. Un papá de verdad es aquel que engendra con responsabilidad. No somos como los animales que apenas se reproducen y después pierden el vínculo con sus crías, olvidándose de ellas. Hay muchos hijos engendrados sin amor y sin responsabilidad. Son fruto de la pasión desenfrenada y no del amor responsable. Son hijos no deseados, no esperados con alegría ni bienvenidos, a pesar de ser amados por Dios.

Un ejemplo de papá

El segundo punto que destacamos es sobre aquellos papás que no engendran, pero cuidan. Hay hombres que no pueden engendrar, pero son prodigiosos en amor. Esos son los hombres de verdad y papás de valor. Tratan los hijos adoptivos como si los hubieran engendrado. Es más, los hijos adoptivos son amados siempre y muy deseados. Son frutos de una opción de escoger deliberada, de una opción bien estudiada, de una decisión madura. Son hijos no del vientre, sino del corazón. Es un gran privilegio escoger ser papá de un hijo que no se engendra. Es una gran bendición ser un hijo adoptivo que alguien optó por amar libremente. Esa relación es tan profunda y gloriosa que el propio Dios nos amó inmensamente y nos adoptó y recibió como hijos.

Pablo no engendró los creyentes de Corinto biológicamente, sino los engendró espiritualmente. Los papás pueden engendrar los hijos dos veces: física y espiritualmente. Los papás deben luchar no solamente por la crianza responsable de los hijos, sino también por la salvación urgente de ellos. Un papá de verdad es aquel que cuida no solamente del cuerpo de los hijos, sino también de su alma. Ellos velan no solamente por las necesidades materiales, sino también, y aún más, por sus necesidades espirituales. Pablo no tuvo hijos biológicos, sino tuvo muchos hijos espirituales. Aunque no podamos engendrar ningún hijo en la tierra, podremos tener muchos hijos en el cielo.

El papá es el que da ejemplo

El apóstol Pablo continúa: *Por tanto, os ruego que me imitéis* (1 Co 4:16). La palabra "imitéis", en griego, es *mimetai*, de donde viene "mimetismo" y "mímica". O sea, usted enseña a los hijos no solamente por lo que dice, sino, también, por lo que usted hace. Los hijos aprenden primero por el ejemplo, después por la doctrina. Albert Schweitzer, un gran pensador alemán, declara que el ejemplo no es apenas una forma de enseñar, sino la única forma eficaz. Pablo podía ser ejemplo para sus hijos y ellos podían imitarlo porque él imitaba a Cristo. Y dijo: *Sed imitadores de mí, así como yo de Cristo* (1 Co 11:1).

Un papá de verdad, de manera semejante a un espejo, no habla, demuestra; no grita, revela. Un ejemplo vale más que mil palabras. La vida de los papás habla mucho más que sus palabras. Nuestros hijos ven más nuestra vida que las palabras que escuchan de nosotros. Si la vida de los papás no es recta, acaban descarrilando a los hijos en vez de educarlos. Los papás tienen que andar en la luz, vivir de manera íntegra. Solamente así podrán ser ejemplo para los hijos.

El libro de Proverbios hace parte de la literatura sapiencial. Es un libro de sabiduría, cuyos consejos son prácticos y muy oportunos. Leemos en Proverbios 22:6: *Instruye al niño en su camino, y aun cuando fuere viejo no se apartará de* él. Los papás siempre están enseñando. Enseñan para el bien o para el mal.

Nuestros hijos son nuestros discípulos. Siempre nos están observando. Ellos se encuentran sentados en la platea de la vida mientras somos sus actores. Por eso nos aplauden o nos critican. Les gusta nuestro desempeño o lo detestan. Nosotros les ayudamos a enfrentar la vida o los descalificamos para esa ingeniosa tarea.

Hay papás que destruyen la vida de los hijos descarrilándolos y pervirtiéndoles el corazón. Existen los que inician a los hijos en la práctica del error. Que siembran la cizaña en su corazón y hacen de su vida una siembra maldita. Los papás deben matricularlos en la escuela de la vida y deben ser sus maestros más excelentes. Deberíamos influenciar a nuestros hijos más que cualquier persona. Dios nos los confía para que forjemos en ellos un carácter digno, para que esculpamos en ellos los predicados de una vida irreprensible y grandiosa.

Hay aquellos, que son maestros de nulidades. Son sastres de lo efímero y no escultores de lo eterno. Son papás que hacen de sus hijos medallas de vanidad, que destilan en sus mentes apenas codicia por tener sin gestar en ellos la belleza del ser. Hacen de sus niños prosélitos de la ganancia, prisioneros de la avaricia y cautivos de las banalidades. Vivimos una inversión de valores en esta sociedad pos-moderna. Cosas valen más que personas. Desempeño vale más que dignidad. Carisma vale más que carácter. Éxito vale más que familia.

Hay papás que prefieren agradar a los hijos que enseñarles a vivir. Tenemos que distinguir entre deseo y necesidad. No todo lo que desean, es una necesidad. La función de los papás no es dar lo que los hijos quieren, sino lo que necesitan. Muchas veces, lo que necesitan es lo contrario de lo que desean. El sacerdote Elí amó más a sus hijos que a Dios. Por eso, dejó de corregirlos. Y porque no los exhortó en el momento y en la medida correcta, él los perdió. El rey David nunca quiso contrariar a su hijo Adonías y ese muchacho se volvió un hombre mimado, caprichoso y acabó siendo asesinado por orden de su propio hermano Salomón. Muchos papás dan todo lo que sus niños piden para compensar su ausencia en la vida de ellos. Pero regalos no remplazan presencia. La necesidad más grande que poseen no es de cosas, sino de los papás.

Hay papás que enseñan a los hijos solo el camino en que deben andar. Esa es una posición cómoda, pero insuficiente. Apuntar el camino correcto no es lo suficiente cuando se trata de educar a los hijos. Tenemos que ir más allá. Los papás que proceden así adoptan la filosofía: "Haga lo que yo mando, pero no haga lo que yo hago". Enseñemos a nuestros hijos no con meras palabras, sino, más que eso, con ejemplos.

Los papás tienen que enseñar a sus hijos con ejemplos. Enseñar en el camino es andar juntos, es ser un referencial, es servir de modelo y paradigma. Los papás son más que un mapa para ayudar a los hijos a caminar por las calles de la vida. Son guías que los toman de la mano y caminan lado a lado por las veredas sinuosas de la historia.

El papá es aquel que confronta

El apóstol Pablo continúa: *No escribo esto para avergonzaros, sino para amonestaros como a hijos míos amados* (1 Co 4:14). La palabra griega usada por Pablo para "amonestar" es *nouthesia*. Ese término trae la idea de confrontación con palabras. Los papás tienen que acompañar la vida de los hijos. No pueden estar alienados ni distantes. Tienen que tener tiempo para conversar, ser amigo y conquistar el corazón de ellos. Eric Fromm dice que hay dos tipos de autoridad: la impuesta y la adquirida. Muchos solamente conocen el primer tipo de autoridad. Ordenan porque tienen el poder, porque son los proveedores, porque son más fuertes. Pero los papás, además de ejercer legítimamente el primer tipo de autoridad, una vez que fueron constituidos por Dios para tal, también deben, conquistar la confianza de los hijos. Solamente aquellos que son íntimos tienen plena autoridad para confrontar. Nosotros no permitimos que ninguna persona extraña invada nuestra intimidad. Esa es una prerrogativa de las personas que son íntimas.

Los papás tienen que ser sus consejeros y ser sus amigos más íntimos. Tienen que pavimentar el camino de una relación lubricada por la armonía, construir puentes de amistad en vez de cavar abismos en la relación, invertir en la relación familiar para cosechar frutos preciosos.

Tienen que conocer la verdad para también enseñarla con seguridad y vivirla para influenciar positivamente.

El papel de los padres no es ver a los hijos siempre sonriendo y saltando de alegría. Es forjar en los hijos un carácter firme. No se logra eso sin trabajo. Sin esfuerzo, sin lágrimas. La mayor herencia que los papás pueden dejar para los hijos es el legado de un ejemplo honrado, de una vida sin mancha, de un carácter virtuoso y sin macula.

Un papá es aquel que disciplina

El apóstol Pablo pregunta: ¿Qué queréis? ¿Iré a vosotros con vara, o con amor y espíritu de mansedumbre? (1 Co 4:21). Quien ama disciplina. El amor responsable establece límites. Hijos sin disciplina son inseguros, confusos e irresponsables. Disciplina no es castigo, tortura o malos tratos. No es violencia verbal ni agresión física. La disciplina puede hasta contener castigos físicos adecuados, pero su propósito es el perfeccionamiento del carácter y no la agresión.

Hay momentos en los que el único lenguaje que los hijos entienden es el de la disciplina. Retener la vara de la disciplina es pecar contra los hijos. Aborrece el alma del hijo el papá que la retiene. Llega un momento en el que un papá responsable tiene que disciplinar a sus hijos. Un papá que ama no puede ser indulgente con los hijos. Es mejor ver los hijos llorando un instante que verlos destruidos para toda la vida. Como ya lo dijimos en otro capítulo, disciplinar es discipular. No disciplina correctamente quien no camina al lado, quien no enseña por el ejemplo, quien no pavimenta el camino de la restauración.

El papá es aquel que no humilla los hijos

El apóstol Pablo continúa: *No escribo esto para avergonzaros* (1 Co 4:14a). Ningún papá tiene el derecho de avergonzar a sus hijos, de constreñirlos de aplastarles el alma. Hay papás que exageran en las palabras y en las actitudes con sus hijos, agrediéndolos verbal y físicamente. Hay papás que son verdugos y los tratan con desprecio o rigor sin sentido. Unos disminuyen a los hijos, abriéndoles heridas en el alma. Otros comparan a los hijos con otras personas y desequilibran sus emociones. Hay también papás que abren heridas que no pueden ser curadas en el corazón de los hijos y abusan de ellos. Hay aun aquellos que los provocan a ira, tratándolos con amargura y los dejan desanimados.

Un papá de verdad no humilla a sus hijos en particular o en público. Antes, es bálsamo para ellos, prestigia, honra, les enseña con firmeza y los corrige con dulzura. Él celebra con los hijos sus victorias y llora con ellos sus tristezas. Siempre está disponible para sus hijos y siempre les da más importancia que cualquier otra conquista de la vida.

Los periódicos colocan todos los dias tragedias familiares. El hogar se está transformando en de los refugios más peligrosos para la seguridad física y emocional de las personas. Hay muchos relatos de papás abusando sexualmente de sus hijos, otros que los golpean y los destruyen emocionalmente. Hay muchos que oprimen a sus hijos, imponiendoles una camisa de fuerza y un régimen de terror. Por otro lado, hay papás pasivos, débiles y permisivos que los dejan sueltos, sin disciplina, sin límites y sin control. Necesitamos papás que sepan decir si y también no. Papás que tengan valor de negociar lo negociable y no negociar lo innegociable. Que se interesen por la agenda, amigos de sus hijos y que sepan a qué hora salen o llegan a la casa, a donde van y qué hacen. Papás que apacienten sus niños, que levanten muros protectores alrededor de ellos y, al mismo tiempo, los ayuden a enfrentar con la cabeza levantada los desafíos de la vida.

El papá es aquel que les da cariño a sus hijos

El apóstol también pregunta: *¿Qué queréis? ¿Iré a vosotros con vara, o con amor y espíritu de mansedumbre?* (1 Co 4:21). El mismo papá que disciplina es el que toma a sus hijos en los brazo, que usa la vara y también ministra amor, que actúa con energía y también habla con espíritu de ternura y mansedumbre. Nada es más nocivo para la salud emocional de los hijos que el desequilibrio en la relación. Cuando hay disciplina sin cariño, se crían hijos rebeldes y amargados. Cuando se da cariño sin disciplina, se crían hijos mimados e inmaduros. Disciplina sin amor es esclavitud; amor sin disciplina es irresponsabilidad.

Los papás tienen que dosificar la corrección con estimulo. Hay hijos que solamente reciben críticas y palabras de reprobación sin que jamás escuchen una palabra de incentivo y aliento. Los papás tienen que aprender a elogiar y destacar los puntos positivos al mismo tiempo en que prestan auxilio en sus debilidades. Si solamente escuchan reprimendas, crecerán lisiados emocionalmente y se arrastraran por la vida, aplastados por el complejo de inferioridad. Si los hijos solamente escuchan elogios, crecerán sin musculatura emocional, sin ningún preparo para los embates de la vida.

Hay papás que aman a los hijos, pero nunca verbalizan ese amor. Necesitamos no solo seguridad, educación y mantenimiento, sino también amor. Necesitamos cuidar de las necesidades emocionales. Hay necesidades que la ropa de marca y los mejores colegios no pueden suplir. Hijos necesitados emocionalmente se vuelven presas fáciles para los que están listos para aprovecharse de ellos.

Hay papás que aman a sus hijos, pero solamente les dicen esto cuando es demasiado tarde. David amaba a Absalón, pero solamente se lo dijo después que estaba muerto. Ningún lugar escucha confesiones tan lindas como un cementerio. Allí derramamos nuestras lágrimas más calurosas y decimos las palabras más importantes. Debemos ser generosos en nuestros elogios cuando nuestros hijos aún puedan oír nuestras palabras. Debemos mandar flores mientras puedan ver la belleza de los pétalos y sentir la fragancia de las flores. En nuestra cultura es común llenar los funerales de coronas de flores cuando la persona ya no puede oler ni siquiera una rosa. Muchas veces esas flores son un intento de aliviar nuestra conciencia y decir para los demás que amamos la persona que partió. Lo que es triste es que muchas de esas personas que partieron nunca oyeron de nosotros una palabra de cariño ni si quiera recibieron un botón de rosa.

El papá es aquel que se esfuerza para estar cerca de sus hijos

Pablo termina su relato a los corintios diciendo: *Pero iré pronto a vosotros* (1 Co 4:19). Un papá de verdad consigue tiempo para estar cerca de sus hijos. Cuando amamos a alguien, tenemos gusto en estar cerca de esa persona. Reitero la advertencia: cuando los hijos son pequeños, ellos lloran pidiendo estar cerca de los papás; cuando crecen, son los papás los que lloran pidiendo estar cerca de ellos. Si no cultivamos esa amistad mientras aún son pequeños, perderemos la intimidad con ellos cuando sean adultos. Si no sembramos la amistad en la vida de ellos ahora, cosecharemos la indiferencia mañana.

Cuando amamos a una persona hacemos tres cosas: verbalizamos nuestro amor, buscamos dedicarle tiempo y buscamos agradarla. Un papá que ama sus hijos

Un ejemplo de papá

les consagra tiempo. La verdad, consigue tiempo para ellos. Tenemos tiempo para todo lo que es prioridad para nosotros. Cuando le decimos a nuestros hijos que no tenemos tiempo, estamos diciendo que ellos no son nuestra prioridad.

Desde temprano nuestros hijos descubrirán si, de hecho, son prioridad en nuestra vida. Un niño – que llega del colegio y pide ayuda al papá para hacer el trabajo escolar y recibe un no en función del tiempo y, a continuación, lo ve pasando horas delante del televisor – va a entender que el ocio o cualquier cosa es más importante que él.

La inversión más grande y la mejor que el papá puede hacer en la vida es invertir en la vida de los hijos. Es posible conquistar todos los trofeos de la fama, adornar la pared de la oficina con todos los diploma, arrancar aplausos de todos los hombres y conseguir muchas riquezas, pero, al perder los hijos, esas conquistas tendrán el sabor amargo de la derrota.

Necesitamos papás que tengan tiempo para sus hijos, que les den prioridad e inviertan en sus hijos y los vean creciendo y apareciendo como coronas de gloria en la mano del Señor. La nación necesita papás que críen no solamente hijos brillantes, sino también hijos creyentes, piadosos y llenos de la gracia de Dios. ¡Todos nosotros necesitamos papás que no solamente den lo mejor de esta tierra para sus hijos, sino también les enseñen en el camino del cielo!

Su opinión es
importante para nosotros.
Por favor envíe
sus comentarios
al correo electrónico
editorial@editorialhagnos.com

Visite nuestra web: www.editorialhagnos.com

Esta obra fue
confeccionada con la
fuente Goudy
Old Style, 12,8.